Quitter
la (grande) ville !

Sophie Coignard
Michel Floquet

Quitter la (grande) ville !

Albin Michel

Sommaire

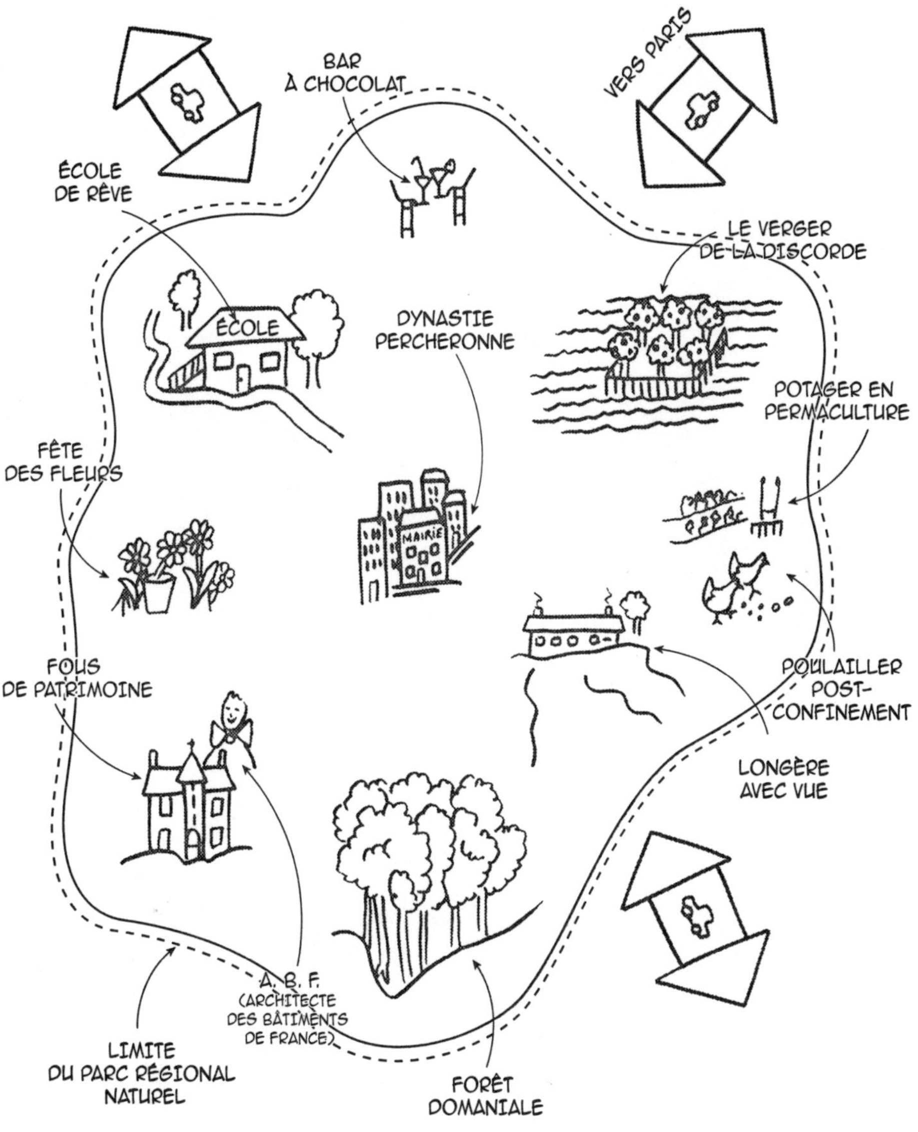
BAR
À CHOCOLAT
VERS PARIS
ÉCOLE
DE RÊVE
ÉCOLE
LE VERGER
DE LA DISCORDE
DYNASTIE
PERCHERONNE
MAIRIE
POTAGER EN
PERMACULTURE
FÊTE
DES FLEURS
POULAILLER
POST-
CONFINEMENT
FOUS
DE PATRIMOINE
LONGÈRE
AVEC VUE
A. B. F.
(ARCHITECTE
DES BÂTIMENTS
DE FRANCE)
LIMITE
DU PARC RÉGIONAL
NATUREL
FORÊT
DOMANIALE

Introduction
(aux petits plaisirs de la vie rurale…)

Il a longtemps été inimaginable pour nous de vivre ailleurs qu'à Paris. Nous y avions nos amis, nos activités professionnelles, notre vie faite de sorties, de théâtre, de cinéma, de musées… Nous y avions notre rythme et nos repères. Puis le temps a passé. Après la naissance de notre premier enfant, nous avons acheté une fermette pour échapper aux sorties dominicales dans le jardin public glauque. Anne Hidalgo n'était pas encore maire de Paris mais les bacs à sable n'inspiraient déjà plus aucune confiance.

Dès ce moment, nous avons commencé à en rêver tout haut : et si, le dimanche, nous n'étions pas contraints de nous jeter dans les embouteillages pour rentrer dans la capitale… et si nous pouvions échapper aux figures imposées de cette transhumance hebdomadaire. Mais quand l'un était prêt, l'autre ne l'était pas. Et inversement. Dix ans de fantasmes avant de passer à l'acte.

En 2020, nombre de citadins ont mis beaucoup moins longtemps que nous à se décider. Ils sont venus se mettre au vert dès le premier jour du premier confinement. Le Parc naturel régional du Perche est avec l'île de Ré l'une des zones du territoire français qui ont accueilli le plus de « réfugiés épidémiques ». En ce mois de mars 2020, jamais les gens du cru n'ont vu autant de Parisiens à la fois ! Installés dans leur maison de week-end, dans celle de leur famille proche ou chez des amis, ces nouveaux venus se mettent au télétravail. Ils expérimentent aussi un autre tempo. C'est le printemps. Ils découvrent les joies du potager. Certains se lancent même dans la construction d'un poulailler…

Deux mois plus tard, enfin libres de rejoindre la ville, ils sont nombreux à refuser de rentrer. À revendiquer la poursuite du télétravail. À envisager d'inscrire leurs enfants à l'école du coin. À désirer une autre vie, dépourvue d'embouteillages de nuit, de loyers délirants, de rats trottinant dans les espaces verts, de voisins bruyants et stressés. En l'espace de quelques semaines, il n'y a plus la moindre grange à vendre dans le Perche. Chacun cherche son refuge durable au « paradis vert ».

Ils aspirent à devenir des « accourus », comme nous vingt ans plus tôt. C'est ainsi que les habitants du Perche désignent ceux qui s'installent sur leur territoire. Comme eux, prudents, nous avions commencé à l'essai, pour un an. Comme eux, nous n'avons jamais songé à rebrousser chemin.

Nous avons découvert un autre mode de vie, fait de jardins et de rencontres. Aucun de nous deux n'aurait imaginé qu'un architecte des Bâtiments de France, passionné par son métier, nous transformerait en amoureux transis des vieilles pierres. Que les institutrices de notre village deviendraient pour nous des modèles absolus, de fières héritières des hussards noirs de la République. Que les coups de foudre se succéderaient à une cadence que nous n'avions pas connue dans la grande ville. Qu'une démarche à la Sécu deviendrait presque un plaisir.

Il y a vingt ans, nous vivions dans la clandestinité. C'était à la fois drôle et stressant. À Paris, nous n'osions avouer notre « exil » à personne, de peur que notre choix de vie ne soit assimilé à une pulsion de mort sociale. Les accourus de 2020, eux, ne connaissent pas ce problème. Ils n'ont plus besoin de se cacher. L'époque est au « déconfinement vert ». Ce qui était réprouvé hier est aujourd'hui valorisé. Et c'est tant mieux.

Ce livre, toutefois, n'est pas un ouvrage militant, loin de là. Libre à chacun de désirer s'épanouir dans une grande métropole ou au milieu des champs. Ce n'est ni un guide ni un mode d'emploi à l'usage des néophytes, mais le récit d'une aventure individuelle et collective qui montre que, oui, bien sûr, on peut changer de vie !

1

« On ne peut pas se plaindre… »

Le jeudi 12 mars 2020, en écoutant Emmanuel Macron annoncer la fermeture immédiate des écoles, tout le monde a compris. À l'instar de ses voisins européens, la France va devoir se confiner…

Dans le Perche, dès le lendemain, en fin d'après-midi, tous les « accourus », comme on les appelle,… accourent. Au moins un des deux parents et les enfants, parfois quelques proches, la famille élargie. Jamais on n'a vu autant de Parisiens au mètre carré dans les villages percherons. Les magasins sont pris d'assaut, les petits supermarchés dévalisés. Personne ne peut dire à quoi vont ressembler les semaines à venir mais tous ceux qui possèdent une maison de campagne savent qu'ils y seront mieux que dans leur appartement, si spacieux soit-il. Il y a peut-être, dans cette conviction, un reliquat de mémoire collective, une réminiscence reptilienne de l'Occupation et de l'exode. « À la campagne, les gens ne manquaient de rien. » Qui n'a entendu cette phrase dans la bouche de ses aïeux ?

Bref, ils sont là. Par milliers. La seule inconnue, pour eux, c'est Internet. Le débit va-t-il permettre d'affronter les semaines à venir ? Comment faire pour le travail, les contacts en tout genre ? Mais à la vérité, qui s'en soucie vraiment ? Rappelons-nous l'époque. Partout en France, on rafle les rouleaux de papier hygiénique, les paquets de pâtes ou de farine dans les rayons des magasins. La priorité n'est pas au digital mais, croit-on, à la survie. Quelques confinements plus tard, ces moments de panique laissent rêveur, ils ont pourtant été bien réels.

Bousculade aussi devant la coopérative agricole, ou la jardinerie. À la campagne, on a souvent des animaux. Le chien, le chat, confinés eux aussi, il va falloir les nourrir. Le gérant de la coopérative, dépassé, tranche dans le vif. « On ne sert que les agriculteurs ! » Ce jour-là, on frôle l'émeute pour quelques sacs de croquettes.

Les « locaux » découvrent, médusés, l'ampleur de l'emprise parisienne sur leur territoire. Ils les connaissent presque tous, ces accourus, mais c'est la première fois qu'ils les voient tous en même temps. Et, franchement, ça fait peur. D'autant plus que la rumeur enfle et se répand avec la grande force des idées simples : « Ils vont nous amener la maladie. » Ça semble logique, implacable. On les regarde de travers. Quand il croise un Parisien, ce n'est plus un geste barrière que fait le Percheron mais une vaste manœuvre d'évitement. Il n'y a que les commerçants pour peser le pour et le contre. C'est vite vu. Ils feront pendant ces deux mois des résultats plus qu'honorables. Leurs experts-comptables n'en reviennent pas. Lorsqu'ils proposent au boucher ou à la fromagère de remplir pour eux le formulaire nécessaire pour toucher l'aide d'État de 1 500 euros, ceux-ci leur répondent que c'est inutile. Que le chiffre d'affaires de mars 2020 est bien supérieur à celui de mars 2019…

Dans la panique, certains clients ont du mal à se tenir. Dans la boulangerie de notre village, un angoissé indélicat veut se faire servir vingt baguettes. Il y a dix personnes derrière lui qui font la queue. La boulangère, avec sang-froid, refuse. Le ton monte. Le boulanger doit s'extraire de son fournil. Le fait divers n'est pas loin. Dès le lendemain, deux gendarmes patrouillent sur la place du marché. Ce n'est pas la guerre, mais c'est quand même très excitant.

Puis la routine s'installe. Chacun prend ses marques dans ce quotidien anormal. Les Parisiens ont compris. Ils sortent peu pour éviter les regards hostiles. Les courses une à deux fois par semaine. Ils ont raison. La rumeur court toujours. On parle d'un « cluster » à Mortagne-au-Perche, sans toujours bien savoir ce que signifie ce terme nouveau ! Allons donc, l'Orne reste en dessous du radar, le virus y circule mais à bas bruit.

Il fait beau pendant ce confinement. Reclus à la campagne, dans des maisons spacieuses avec jardin, les citadins jouissent de ce moment privilégié. À mesure que les « apéros zoom » se multiplient, ils voient les mines défaites de leurs amis restés à Paris. Ceux-là ont tout faux. L'appartement est transformé en bureau, en salle de classe, en lieu de vie unique. Seul ou à deux, c'est l'enfer ! En famille, c'est encore pire ! « On ne peut pas se plaindre » est donc la phrase rituelle par laquelle les réfugiés du Perche, en pleine forme, reposés et détendus, ouvrent ces moments de convivialité digitale. Et de fait, ils ne font que des envieux. Quelques-uns ont mis du temps à comprendre. Un ami qui postait, comme à son habitude, des photos de lui, de son jardin, de la vie aux champs sur les réseaux sociaux s'est fait copieusement insulter par ses relations qui le traitaient de privilégié. Il a fini par réaliser et a fermé le robinet à selfies.

L'essentiel, après tout, c'était de réussir à quitter la (grande) ville.

2

La ruée

Habituée à sillonner les routes vallonnées du Perche à vive allure, l'Audi noire de grosse cylindrée nous dépasse, ralentit, puis se gare sur le bas-côté. Son conducteur en sort prestement et nous invite à en faire autant. C'est Gérard de Decker, l'agent immobilier qui nous a vendu notre maison quelques années auparavant. Lui, d'habitude si pressé, est prêt à perdre un quart d'heure en bavardages. Il semble survolté et n'a pas un regard pour la dizaine de vaches normandes qui s'approchent d'un air curieux et méfiant. Il affiche un large sourire. Il exulte. Les mots se bousculent presque sur ses lèvres tant son émoi est grand.

Avant l'épidémie, il signait un compromis de vente par mois avec des citadins désireux de se mettre au vert, pour le week-end ou pour la vie. Depuis la fin du confinement, il est passé à deux par semaine. Huit à dix fois plus ! Ce septuagénaire, toujours tiré à quatre épingles, n'aurait jamais imaginé une telle manne céleste. Depuis des années, il prétend vouloir céder son agence pour accéder enfin à une retraite amplement méritée. Dans cette perspective, il a proposé à tous les clients qu'il aime bien de s'associer avec lui le temps de les initier au métier, puis de racheter complètement son fonds de commerce. Sans grand succès. Mais aujourd'hui, il n'en est plus question. Dans le Perche, l'épidémie a transformé le plomb immobilier en or. Il n'y a plus une bâtisse à vendre dans le secteur. Pas même son agence !

L'un de ses confrères, Nicolas Molinier, installé quelques kilomètres plus au sud, n'a pas de mots pour expliquer à sa maison mère, spécialisée dans la vente de châteaux et de maisons de caractère, qu'il est contraint de refuser des clients. Il a même mis une grange sur le catalogue de la prestigieuse enseigne pour laquelle il travaille. Oui, une grange ! Plutôt jolie mais tout de même. Quand le grand patron l'a appelé pour s'étonner de cette entorse aux principes, il a répondu, désolé et malicieux : « Faute de grives, on mange des merles. » Les demeures de charme qui sont le centre de son activité, il ne peut tout de même pas les inventer ! Il a tout liquidé, vraiment tout, même ce manoir magnifique, mais affiché trop cher, qui restait en vitrine depuis deux ans. Une vente à plus d'un million d'euros, cela fait une belle commission. Son ami Gérard de Decker avait lui aussi en portefeuille ce manoir du XVIe siècle, clos de murs surmontés de tours de guet. Il l'avait déjà vendu deux fois au cours de sa longue carrière. On ne peut pas gagner à tous les coups…

En ce mois de juin 2020, alors que le soleil souligne les courbes des collines percheronnes et l'oblige à mettre sa main en visière pour envisager du regard un paysage qu'il connaît à fond, Gérard ne pense plus à cette – petite – déconvenue. Il a rajeuni de dix ans. Il savoure cet ultime tour de piste quand il promène ses clients de longère en fermette. Sans se départir de son onctuosité habituelle, mais avec une assurance nouvelle. S'ils achètent, il est content. S'ils n'achètent pas, il est content aussi. D'autres attendent leur tour pour visiter, dans ce marché marqué par une soudaine pénurie.

Il s'adapte à cette nouvelle clientèle. Il sait la câliner, la mettre en valeur malgré sa méconnaissance saisissante de la ruralité. Ces novices confondent blé et maïs ? Ce n'est pas l'essentiel. Ils n'ont pas compris que l'herbe pousse vite au printemps, et que les haies gagnent du terrain chaque année ? Ils apprendront bien assez tôt à tondre et à tailler. La clôture maigrichonne qu'ils comptent conserver en l'état ne dissuadera pas les sangliers de venir défoncer leur futur jardin à la première occasion ? Ce sera un premier contact enrichissant avec la vie sauvage. Les plus affûtés, pendant les visites, demandent à monter au grenier pour examiner la charpente. Une fois sur place, ils exercent d'un air entendu une pression du pouce sur les lattes pour vérifier l'état de la couverture. Il s'agit toutefois d'une minorité remarquable. Gérard de Decker rend hommage à leurs gestes de connaisseurs… Tellement habitués à la copropriété et à la promiscuité, certains demandent, devant un corps de ferme, combien de familles y habitent et si les dépendances font partie du lot. Professionnel jusqu'au bout des ongles, Gérard de Decker leur annonce la bonne nouvelle : non, pour le prix d'un deux-pièces à Paris, ils auront à la fois la longère, la grange et l'auvent si agréable pour les repas d'été.

Illusionniste de talent, il est un peu le parrain de l'immobilier dans le Perche. Il sait vendre du rêve et ne compte pas ses heures. Il nous avait ainsi baladés de demeure en demeure, quand nous avions décidé de nous installer, à l'essai, dans ce Perche alors largement inconnu des Parisiens, au début des années 2000. Puis il avait continué à nous faire visiter, de temps à autre, des propriétés chargées d'histoire, une fois qu'installés pour de bon nous avions été saisis, sans la voir venir, par la passion des vieilles pierres. Madré, Gérard de Decker avait compris peut-être avant nous combien le mal qui avait commencé de nous étreindre était profond. Il n'a jamais perdu patience, même si nous avons mis des années à trouver le lieu de nos rêves…

Gérard de Decker est aussi un puriste. Seul le cœur du Perche l'intéresse vraiment et c'est un peu grâce à lui si désormais, comme les grandes métropoles du monde entier, le Perche a son « triangle d'or ». C'est là, entre Bellême, Mortagne et Rémalard, que se sont concentrés les exilés du confinement. L'opérateur téléphonique Orange a pu repérer où bornaient alors les téléphones des Parisiens en exode. Cette zone du Perche était en rouge vif. Elle compte parmi les dix lieux de France où la population a subitement augmenté de plus de 30 %.

L'été passe. Les citadins ne veulent plus regagner leurs pénates. Les Audi, les Volvo, les Mini Countryman sillonnent la campagne. Leurs passagers admirent les collines, les forêts, les haies bocagères qui forment un tunnel végétal au-dessus de leurs têtes. Quelques jours avant le deuxième confinement, *Le Parisien* consacre une page entière à ces futurs acquéreurs en puissance : « On a une nouvelle clientèle qui ne recherche plus seulement une résidence secondaire à proprement parler mais plutôt une résidence à temps partagé », explique Sébastien Delaubert, à la tête de plusieurs agences immobilières dans le Perche[1]. Ces nouveaux clients ont réalisé que, pour le prix d'un studio à Paris, on peut acheter une belle maison de plus de cent mètres carrés entourée d'un grand jardin.

C'est le début d'une petite révolution mentale.

1. *Le Parisien*, 23 octobre 2020.

3

Le confiné libéré

Retour au confinement. Il dure. Un mois et vingt-cinq jours. Et plus il dure, plus l'accouru s'installe dans sa nouvelle vie. Deux activités dominent.

La construction d'un poulailler d'abord. Ce n'est pas une mince affaire. Il faut bâtir un abri, un perchoir, puis clôturer un petit bout de terrain. Ceux qui ont quelques notions expliquent aux autres. On en voit même qui dessinent des plans. Les scieries restent ouvertes, on y trouve le bois nécessaire à l'opération. Pour aller le chercher, sur l'attestation, chacun coche la case « produits de première nécessité ». En cas de rencontre avec les gendarmes, il va falloir se montrer convaincant. Pour le grillage, direction la jardinerie. Elle n'a le droit de vendre que des aliments pour animaux, mais à quoi sert de nourrir des poules qui ne seraient pas protégées ? Rares sont les vendeurs qui ne sont pas sensibles à cet argument, et au parfum enivrant de la transgression. Celui qui nous reçoit, devant notre demande pressante, hésite, regarde partout autour de lui dans le magasin vide. Enfin, sans un mot, il se glisse sous le ruban rouge et blanc et file vers les rayons interdits. Il revient tout fier avec un rouleau de cinq mètres. Avec un peu de fourberie, nous lui avions parlé d'un trou dans la clôture. Il faut réviser notre stratégie, sans toutefois révéler l'ampleur du mensonge. C'est qu'il est béant, ce trou, énorme, une déchirure ! Notre vendeur replonge sous le ruban et le voilà déjà de retour avec, cette fois, un rouleau de vingt mètres et le sentiment du devoir accompli… Tout cela réalisé, rien n'est gagné. Reste l'épineuse question… des poules.

On peut en débattre, mais le fait est qu'elles ne rentrent pas dans la catégorie des produits de première nécessité. Heureusement, à la campagne, tout peut s'arranger. Une filière – et même plus, un réseau ! – se met en place à la scierie, dont les propriétaires donnent les bonnes adresses à leurs clients les plus fidèles. Les initiés se passent le tuyau. Quelques dizaines de poules rousses, excellentes pondeuses, voyagent ainsi clandestinement dans les coffres des accourus. Mais tout le monde n'a pas accès à cette manne. Lorsque les choses vont se normaliser, début mai, les marchands de volailles vivantes seront pris d'assaut. Pour la première fois de l'Histoire, on a frôlé la pénurie de poules dans le Perche ! Il faut reconnaître aussi que ces néo-éleveurs n'ont pas toujours tout réussi du premier coup. Il y a eu, par exemple, un certain nombre de conflits entre animaux domestiques, rarement en défaveur des chiens. Les renards, c'est incontestable, n'ont pas eu, eux non plus, de raison de se plaindre du confinement…

Les potagers, plus simples à gérer, fleurissent dans pratiquement toutes les propriétés et symbolisent l'autre activité des nouveaux venus. La jardinerie de notre commune, qui se voyait déjà au bord de la faillite, avoue en fin d'été qu'elle a fait le meilleur chiffre d'affaires de son histoire. Jamais les jardins du Perche n'ont été aussi resplendissants. Les gens du cru se moquent un peu de ces citadins souvent maladroits au point parfois d'en être touchants. Beaucoup prédisent que ces conversions soudaines ne dureront pas plus d'une saison. Mais la crise sanitaire s'installe, et avec elle la conviction chez beaucoup qu'il vaut mieux savoir planter ses choux…

La vie sous le confinement, c'est un peu *La Traversée de Paris*, en moins risqué. Les apéros zoom avec les malheureux restés dans la capitale, c'est bien. Mais les amis qui sont là, à cinq, dix kilomètres maximum, comment ne pas les voir ? C'est ainsi que démarre la saison des « apéros jardins », rendus possibles par la météo clémente. Cela permet de se retrouver sans culpabiliser. Les médecins qui se succèdent sur les plateaux télé ne sont d'accord sur rien sauf sur une chose, la très faible contagiosité du virus en extérieur. Reste à organiser la logistique. Le génie français s'illustre en toute circonstance. Il y a bien sûr ceux qui connaissent les gendarmes. Pour eux, c'est trop facile. Pour les autres, c'est la débrouille. Une des martingales les plus répandues consiste à mettre dans son coffre un cageot de légumes. « Je reviens de chez le maraîcher » ou « J'apporte des légumes à des voisins » est alors une excuse plausible, à condition de n'avoir choisi que des produits de saison… Mais il faut être prudent. Trop d'activité automobile devant chez vous et c'est le risque d'être dénoncé. Croire qu'on est seul à la campagne, à l'abri des regards, est une erreur de débutant. Comme nous l'avait dit à notre arrivée un ami, installé de longue date, pour nous mettre en garde, « il y aura toujours quelqu'un pour vous voir quand vous irez pisser derrière un arbre »…

Le confinement révèle les tempéraments. Un ami, propriétaire d'une grande surface, a décidé de plonger dans la résistance. Quand nous faisons nos courses, il nous convie souvent dans son bureau. Selon l'heure, thé ou champagne. À trois, quatre, cinq parfois. C'est en contravention totale avec les règles du moment. Un jour, les gendarmes, en inspection dans le magasin, demandent à le voir. Il les fait monter. Nous sommes quatre un verre à la main autour de son bureau. Avec un aplomb magnifique, il ne leur laisse pas le choix. « Messieurs, leur dit-il, veuillez rester près de la porte pour respecter les distances de sécurité le temps que je termine mon rendez-vous avec ces gens. » On sait avec qui on pourrait aller à la guerre…

Les meilleures choses ont une fin. Le 11 mai au matin, le confinement est levé. Il faut renoncer à cette parenthèse enchantée, faite de calme, de silence, de nontravail, de beau temps et de temps tout court, pour soi et pour les proches. Les Français peuvent désormais se déplacer dans un rayon de cent kilomètres. Le Perche est un peu trop loin. Entre cent vingt et cent soixante kilomètres. Mais les citadins reclus, terrés depuis deux mois dans leur cent mètres carrés, dans le meilleur des cas, sont prêts à toutes les audaces. Ils appellent, se font pressants. C'est bien fait pour nous. Nous avons trop fait les malins avec notre confinement heureux. Ils nous voient comme des profiteurs de guerre, des trafiquants du marché noir. Ils exigent leur part du gâteau. Bref, ils arrivent !

Nous les voyons donc débarquer. Pâles, excités. S'ils ont des enfants, la voiture est pleine à craquer. S'ils ont un chien, c'est encore pire. Ils courent dans l'herbe, s'ébrouent, se saoulent d'espace. Et ils s'installent, s'incrustent. Dans toutes les résidences secondaires de la région, c'est le même scénario. Si la chambre d'amis n'y suffit pas, on ouvre le canapé-lit. Heureusement, les longères sont grandes. C'est aussi et surtout la joie des retrouvailles, dans le respect des gestes barrières bien entendu.

Les locaux, qui croyaient avoir tout vu avec l'arrivée en masse des accourus à la veille du confinement, découvrent effarés qu'il y a encore plus de gens de la ville chez eux une fois l'épisode terminé.

4

Le grand saut

Ce que les confinés découvrent, nous l'avons réalisé il y a vingt ans. Lorsque nous avons décidé de faire le « grand saut ».

On ne peut pas savoir ce qui a été déterminant. C'est peut-être le parking, à cent cinquante mètres de l'appartement. Être bobo a un prix. Pas de garage en sous-sol lorsqu'on a aménagé son loft dans un immeuble industriel du XIXe siècle. Ça n'a l'air de rien, mais ça complique singulièrement le retour du dimanche soir. En fait, le choix est simple. Soit vous revenez de la campagne en deux heures, c'est-à-dire tard, et le petit dernier voire l'avant-dernier dorment dans la voiture et il va falloir les porter. Soit vous vous épargnez cette corvée en rentrant tôt. Mais c'est trois heures minimum dont une de bouchons, un dimanche après-midi qui se résume à déjeuner en gardant un œil inquiet sur sa montre qui annonce un départ imminent !

C'est lourd, un enfant qui dort. Deux, c'est énorme ! Ensuite, il faut retourner chercher les sacs. Parce qu'on a beau avoir tout en double, on ne part jamais en week-end sans quelques bagages. S'y ajoutent les sacs à dos des gosses, bourrés de livres et de cahiers qui ne font l'aller-retour que pour soulager la conscience des parents. Très vite, une glacière rejoint l'ensemble ainsi que quelques cabas…

Soyons honnêtes. L'idée nous trottait dans la tête depuis quelque temps déjà. Fuir la grande ville ! Il faut dire qu'élever des enfants à Paris, où un appartement de 85 mètres carrés est qualifié de « familial », relève du défi. Un défi financier, un défi au bon sens surtout. Il faut être totalement hors-sol pour croire que le jardin public a quelque chose à voir avec la nature, que le square est un espace de liberté. Que s'entasser à quatre ou cinq dans quelques dizaines de mètres carrés n'entraîne pas des séquelles comportementales sérieuses… Qui dira le calvaire des enfants obligés de partager au-delà du raisonnable la même chambre ? C'est si sympathique quelques jours en vacances et si frustrant à longueur d'année ! J'ai connu des parents qui pour avoir « une adresse », habiter dans un quartier au-dessus de leurs moyens, n'hésitaient pas à reléguer leurs rejetons dans un entresol qui les aurait fait s'indigner si on y avait découvert un atelier clandestin… Aussi avions-nous choisi depuis longtemps de passer, faute de mieux, le plus de temps possible dans une fermette du Loir-et-Cher.

Rien d'extraordinaire. Une maison modeste. Un petit lopin de terre autour. Mais dans un environnement charmant. Des haies, quelques bosquets, une mare. Si l'on savait être discret, on pouvait même apercevoir des chevreuils en fin de journée. Le paradis. À un détail près. Tout autour de nous, un seul et même propriétaire foncier. C'est le genre de choses auquel on ne fait pas attention lorsqu'on achète, la première fois, à la campagne. Il s'agissait en l'occurrence d'un agriculteur jeune, plein d'énergie, ambitieux. Michel Audiard assure qu'à la campagne « le jour on s'ennuie, la nuit on a peur ». Ce qui est certain, c'est que le céréalier, lui, s'ennuie l'hiver. Quand il n'a pour ainsi dire rien à faire. Aussi, année après année, avons-nous vu disparaître les bosquets, puis les haies. Non pas coupées, mais arrachées. Allez comprendre…

Après cette première expérience – on apprend de ses échecs –, nous sommes devenus propriétaires dans le Perche. Nous avons acheté une maison plus grande, mais surtout entourée de quelques hectares. L'exode urbain, cette fois, devenait envisageable. Terminés les trottoirs immondes, les galères de stationnement. Oubliées les prouesses pour trouver une place au conservatoire de musique ou aux bébés nageurs. Fini de jongler avec les horaires, les transports, les bouchons, les grèves… En province, à la campagne, tout serait simple !

5

Une année pour voir

Cette année-là, notre aînée entre en sixième. S'il faut prendre une décision, c'est maintenant. Nous habitons alors le Xe arrondissement de Paris. C'est un quartier de grande mixité sociale et ethnique. En « voie » de gentrification, comme on dit. En voie seulement. La route est encore longue... Le collège qui attend notre fille, si nous restons, est bâti autour d'une cour de récréation minuscule. La cantine est au sous-sol, éclairée par des néons. Pas très gai. Le conseiller principal d'éducation qui fait visiter aux parents des futurs élèves est assez direct. Peut-être parce qu'il est lui-même d'origine étrangère, il se sent autorisé à s'affranchir du politiquement correct. « C'est très simple, explique-t-il, les Noirs et les Arabes jouent au foot dans la cour, les Blancs et les Asiatiques plutôt à des jeux électroniques sous les arbres là-bas, les filles sont réfugiées sous le préau. » Comment dire le désespoir des parents ? Il existe bien une solution autre que l'exode. Inscrire ses enfants ailleurs. Dans un autre arrondissement, un autre établissement. Mais alors c'est le problème du transport qui se pose. On n'en sort pas. La grande ville est un cauchemar. Il ne nous en fallait pas plus pour sauter le pas. À l'essai. Un an. Une année scolaire à la campagne. Dans le Perche. Pour voir. Vingt ans plus tard, nous y vivons toujours.

Nous sommes accueillis comme le messie. Deux enfants de plus à l'école du village, c'est une aubaine. D'autres communes ont fait appel à des migrants. Là, les migrants, c'est nous. Pour notre aînée, l'entrée en sixième se fera dans la petite ville la plus proche. Un gros bourg de 3 500 habitants à quinze kilomètres de distance, desservi par les cars de ramassage scolaire dont les grandes métropoles ne veulent plus parce qu'ils sont dépourvus de ceintures de sécurité.

Cette première année de notre nouvelle vie potentielle démarre sous les meilleurs auspices. Le maire semble nous apprécier. Il est notaire et nous lui avons confié la vente de notre appartement parisien. Grâce à nous, il a « sauvé une classe » qui devait fermer par manque d'effectif. Notre petit côté « vu à la télé » ne lui déplaît pas non plus. Bref, c'est déjà presque un ami. Il nous assure que nous avons fait le bon choix dans ce village préservé. La suite prouvera que les choses sont moins simples…

Nos vendeurs se comportent très élégamment avec nous. Au nom du coup de foudre que nous avons eu pour leur maison, ils refusent la surenchère d'un acheteur concurrent. Nous découvrons avec eux les environs immédiats. Dans le village voisin, aussi incongru qu'une ferme en plein Paris, un salon de thé. Un lieu kitsch d'une sophistication invraisemblable. Il est tenu par trois hommes : un antiquaire, un cuisinier et un écrivain talentueux mais davantage reconnu par ses pairs que par le grand public. On y mange, on y boit, on y achète des objets, des petits meubles ou les tableaux d'un peintre californien tombé amoureux des ciels du Perche. On y dissèque surtout la vie politique et sociale du microcosme local. C'est délicieux et suranné. Parfaitement vain et très amusant. Tel élu flamboyant fait tout ce qu'il peut pour repousser le moment de régler ses ardoises. Tel autre ne va pas tarder à voir sa gestion mise sous tutelle par la préfecture, il ne sait que dépenser. Deux autres édiles, des parrains au petit pied, se disputent l'hégémonie sur le territoire et ses habitants. Ils appartiennent tous les deux au même parti politique – le Perche vote à droite par tradition – mais ne cessent de se nuire autant qu'ils le peuvent. Tel entrepreneur de la région, connu pour sa propension à la magouille, voudrait s'installer dans le coin : bonne ou mauvaise nouvelle ? Les avis sont partagés. Tel nouveau résident du village, petite chose un peu fragile, qui a vu son bac de douche transformé en fosse septique par les caprices d'une pompe de relevage défectueuse, vient, pleurant, hurlant, chercher refuge dans le salon de thé... Mieux qu'un talk-show de chaîne d'info continue. On y passerait des heures...

6

Dissimulation

Quelques très rares amis et le premier cercle familial sont au courant de notre projet. Mais avec chacun, nous sommes restés évasifs. Nous avons mis en avant la période d'essai, le test. Presque comme s'il s'agissait avant tout pour nous de « fermer une porte » plutôt que d'envisager sérieusement un tel séisme.

Dans notre entourage professionnel en tout cas, personne, absolument personne, n'est dans la confidence. Nous jonglons avec les horaires de réunion, les bouchons, les temps de trajet. Nous nous sommes promis de ne laisser nos enfants seuls à la campagne, c'est-à-dire avec une nounou qui dort à la maison, qu'un seul soir par semaine. Très vite, nos deux voitures affichent des kilométrages de représentants de commerce. Une catastrophe écologique et une contradiction avec laquelle notre mauvaise conscience s'arrange comme elle peut... Personne plus que nous n'a maudit l'arrivée massive des radars automatiques. On en compte six à l'aller, cinq au retour. Nous les connaissons par cœur. Entre deux appareils fixes, nous « roulons à un point », c'est-à-dire à 20 km/h au-dessus de la limite, pas plus. L'essentiel, c'est de durer. La perte du permis n'est même pas envisageable. Nous voilà encore plus esclaves de la bagnole que des Parisiens…

Le jour le plus compliqué, c'est le lundi. Les premiers mois qui suivent notre installation, tout est à faire d'urgence. Il faut défricher, bricoler, nettoyer, réparer… Se servir de ses mains comme aucun urbain n'est préparé à le faire. Nous mettons systématiquement des gants mais ça ne suffit pas. À Phnom Penh en 1975, cela nous aurait sauvé la vie. À Paris en 2000, ça la complique plutôt. Serrer la main en arrivant au travail est un moment gênant. C'est fou comme le cal s'installe. Il se durcit, se superpose, s'enracine. Il remplace peu à peu la peau dont on se demande si elle reviendra un jour. Nous avons tout essayé, rien n'y fait, pas même le jus de citron ou le côté vert de l'éponge. Il faut attendre le mercredi, et encore, pour retrouver des mains d'intellectuel. Un jour, nous voilà en présence, par les hasards de la vie professionnelle, de Gilbert Montagné, le chanteur malvoyant. Il faut lui serrer la main. D'ailleurs, il tend déjà la sienne. Et la catastrophe annoncée se précise. Sa main droite, une fois le contact établi, s'attarde, surprise. La gauche vient alors recouvrir l'ensemble comme pour s'assurer que ce qu'il sent est bien réel. On le devine perplexe, puis complice, et un grand sourire vient illuminer son visage.

Notre stratégie de la dissimulation, néanmoins, va vite atteindre ses limites. Battus par les circonstances, nous allons passer aux aveux. Oui, nous vivons à la campagne ; oui, nos enfants y sont scolarisés. Dans le regard de la famille, des amis, des confrères, ce n'est pas de l'incompréhension, c'est bien pire que cela. Un long reproche muet puis très vite une mise en accusation.

Nous avons parfois le sentiment d'avoir confessé un crime. Et, de fait, le réquisitoire arrive, implacable. Nous sommes des parents indignes. Libre à nous de saborder nos carrières, mais nous mettons en péril l'avenir de nos enfants et cela, nous n'en avons pas le droit. Les envoyer à l'école, au collège ou au lycée en zone rurale, c'est forcément les condamner à l'échec. Hors les bons établissements de la capitale, point de salut ! Ceux qui profèrent ces vérités d'un ton de procureur sont les premiers à vanter la mixité sociale. Beaucoup votent à gauche et glosent à longueur de dîner sur les valeurs de la République. Ils n'ont pas de mots assez durs pour dénoncer l'entre-soi, la reproduction des élites, le parisianisme. Ils nous comprennent, certes, mais enfin, tout de même, avons-nous bien réfléchi ? On nous regarde presque avec pitié. Nous n'étions pourtant pas si mal engagés. Notre petite distance aux choses, une légère ironie moqueuse faisaient notre charme. Mais de là à partir… À l'incompréhension succède la défiance. Et si par extraordinaire nous allions réussir notre coup ? Conserver nos jobs, avoir des enfants épanouis et qui font des études… Les mois passent et notre vie ne s'écroule pas. Quand ils nous rendent visite le temps d'un week-end, les amis s'en rendent compte. Les meilleurs s'en réjouissent, les autres sont pris d'un léger doute, d'une pointe de jalousie qu'ils soignent en se disant que tout ne doit pas être si rose, qu'on leur dissimule forcément quelque chose.

7

Victimes consentantes

Notre ami Gérard de Decker n'est pas un débutant. Il connaît toutes les ficelles du métier. Il a tout vu, tout vendu. Chaque manoir, chaque maison de caractère lui a été confiée au moins deux fois, parfois trois. En ce printemps 2020, il accueille la ruée des Parisiens en mal de verdure avec sa bonhomie habituelle. Comme les joueurs de poker professionnels bien décidés à plumer les novices, il sait poser au débutant, à l'humble, au type émerveillé de promener dans sa voiture intérieur cuir un client d'une telle qualité. Que fait-il dans la vie, ce client ? Avocat ? Quel métier formidable, que lui-même n'aurait jamais pu exercer, avec sa mémoire à éclipses. Médecin ? Il faut être tellement brillant pour réussir des études si difficiles, et puis c'est vrai que, lorsqu'on est ainsi au service des autres, on a besoin d'un refuge au calme pour décompresser. Journaliste ? Une occupation merveilleuse, mais qui exige une culture générale qu'il n'a pas. Comédien ? Lui, Gérard, aurait tellement voulu être un artiste…

Nous n'avons pas été plus malins que les autres. Lorsqu'il nous a présenté la maison que nous habitons aujourd'hui, le coup de foudre a été si évident que Gérard en a peut-être un peu profité. C'était pourtant avant la ruée et la pression sur l'immobilier née de la crise sanitaire. Nous vivions dans notre première demeure, et néanmoins nous visitions. Par curiosité, par passion, et sûrement par insatisfaction, aussi. Pour pouvoir nous installer dans le Perche à plein temps, nous avions dû faire l'essentiel des travaux à toute allure. Quand ils furent terminés, nous étions un peu frustrés. Voilà comment, au bout de dix ans, nous découvrons le logis de nos rêves. Habitable immédiatement. Mais avec des années de travaux en perspective pour l'embellir. Exactement à la mesure de notre rêve éveillé.

Notre ami Gérard perçoit notre enthousiasme, il le comprend, il le partage même. Mais attention, il doit nous prévenir d'un rebondissement fâcheux. Après deux ans sans aucune offre sur ce bien, nous avons un concurrent.

Quelle malchance ! Heureusement, Gérard veille sur notre destin. Il va donc nous tenir au courant, en douce, des agissements de « l'autre », cet imposteur pour lequel, à ses dires, l'argent n'est pas un problème. Alors, bien sûr, il nous met en garde : pas question de négocier trop âprement le prix avec les vendeurs, trois héritiers qui se sont surtout contentés de naître et qui considèrent avec lucidité l'héritage laissé par leur père comme leur principal atout dans l'existence. Gérard nous conseille de ne pas nous les mettre à dos. Notre concurrent sorti de nulle part n'envisage, lui, ni de traîner ni de jouer les marchands de tapis. D'ailleurs, il a déjà demandé à Gérard de bien vouloir convoquer quelques-uns de « ses » artisans, pour évaluer le montant des travaux... Pendant plusieurs semaines, le suspense reste entier sur nos chances d'acquérir cette maison tant désirée, dotée d'un chemin creux qui mène directement à la forêt, majestueuse sans être prétentieuse. À chaque fois que le nom de notre agent s'affiche sur notre téléphone, notre rythme cardiaque s'accélère. Jusqu'au jour où, surpris et euphoriques, nous apprenons que notre offre l'a emporté. Nous sommes si heureux, et si fiers d'avoir ainsi terrassé le Grand Capital ! Une fois la maison achetée, alors que nous ne disposons que de deux tréteaux et d'une planche en guise de table de jardin, nous invitons Gérard, notre bienfaiteur, à prendre l'apéritif pour fêter notre acquisition et le remercier de ses bienfaits. Au fil de la conversation, nous sommes saisis d'un doute. Puis, très vite, il devient évident que l'acheteur concurrent n'a existé que dans l'imagination de notre agent immobilier préféré. La preuve, il ne s'en souvient même plus. Nous lui en avons voulu un quart d'heure, pas plus ! Après tout, c'étaient nous les coupables. Nous qui avions été assez niais pour croire à sa fable !

Gérard de Decker, tout le Perche le sait, n'est pas devenu numéro un de l'immobilier local par hasard. Il fournit, clefs en main, un service de qualité. Le maçon, le couvreur, le plombier accourent à chacune de ses demandes. Ils le connaissent depuis longtemps. Ils s'exécutent pour lui faire plaisir. Ils effectuent à la va-vite un devis approximatif. Aucune importance. Le naïf acheteur ignore que leurs carnets de commandes sont pleins pour les dix-huit mois à venir. Que certains propriétaires de résidence secondaire les implorent au téléphone toutes les semaines pour qu'ils daignent enfin s'intéresser à leur chantier. Qu'ils disposent d'un privilège énorme : sélectionner leur clientèle.

Tout étourdi par l'air pur de la campagne, exagérément flatté par les bonnes paroles de l'agent immobilier, le couple de Parisiens qui a laissé les enfants aux grands-parents pour venir visiter se voit déjà propriétaire à la campagne. Certains s'épanchent auprès de Gérard. L'horreur de ce confinement en ville, sans jardin, cloîtrés entre quatre murs, dévorés par ce cocktail létal de télétravail et d'enseignement à distance. Les cours de maths, qui succédaient aux séances d'espagnol et laissaient la place à une leçon de physique-chimie, le tout dans un huis clos dont personne ne pouvait s'échapper pour souffler, respirer, s'isoler ? Plus jamais ça !

À peine sortis de voiture pour la visite, ils s'intéressent moins à la maison et au terrain qu'à l'écran de leur téléphone. Des intoxiqués du numérique ? Que nenni ! Ils veulent vérifier que la propriété ne se trouve pas dans une de ces « zones blanches » où le téléphone cellulaire ne capte rien, et qui pullulent, même à cent vingt kilomètres de Paris. Ils envisagent, comme beaucoup d'autres, de venir non seulement le week-end mais aussi pendant les vacances scolaires, et veulent essayer le télétravail. Si tout fonctionne comme prévu, ils s'installeront peut-être à temps complet, scolariseront leurs enfants sur place et commuteront... Gérard de Decker approuve leur démarche. C'est pour cela qu'il ne vend qu'exceptionnellement des biens situés à plus de deux heures de Paris. Deux heures, prévient-il, c'est vraiment le point de bascule...

Il est si convaincant, inspire tellement confiance, qu'un couple de quadras venu visiter avec ses trois enfants ne remarque même pas la voie ferrée à peine dissimulée par une haie au bout du jardin. Gérard de Decker a du métier. Il connaît par cœur les horaires de la SNCF et n'amène des clients qu'entre deux passages de train. Ceux-là ont l'air de bonnes pâtes urbaines, peu rompues aux pièges de la ruralité. Pourtant, sans penser à mal, ils reviennent dès le lendemain, seuls, pour revoir leur futur refuge. Ils se tiennent devant la clôture, emplis de projets bucoliques, quand le sol se met à trembler un peu sous leurs pieds. Juste derrière la maison, le haut des wagons qui roulent à grand fracas dépasse de la haie...

Tous n'ont pas leur chance, ou leur intuition. Un couple de garçons n'avait pas vraiment compris pourquoi les anciens propriétaires de la longère qu'ils venaient d'acquérir avaient voulu vendre. Le petit chemin qui mène jusqu'à leur portail est si charmant, et bien remblayé de surcroît ! Jusqu'au jour où un énorme semi-remorque polonais s'est échoué devant leur maison. Il a fallu des heures pour le sortir de l'ornière. Les agriculteurs qui sont venus remorquer le camion avec leur tracteur avaient l'air si blasés que les nouveaux propriétaires leur ont posé des questions. Ce n'était pas le premier qu'il fallait ainsi secourir. Le GPS *made in Poland* conseille un itinéraire qui emprunte ce sentier. Le temps de réagir, les conducteurs sont piégés. L'anecdote a même eu les honneurs du *Perche*, le journal local. Mais qui le lit à Paris ?

Les mésaventures de ces nouveaux acquéreurs alimentent le stock d'anecdotes de Gérard de Decker et de ses confrères. Il leur faut gérer les petits conflits de couple sur la nature exacte du refuge. Une maison de village ou une ferme isolée ? Avec des travaux pour imprimer sa marque ou prête à l'usage pour s'installer tout de suite ? Le cauchemar absolu intervient quand les parents des acquéreurs s'en mêlent, souvent parce qu'ils aident financièrement à l'achat. La mère à qui on ne la fait pas, qui inspectait les murs d'un air suspicieux, à la recherche d'une trace d'humidité ou d'une légère irrégularité – dans les vieilles maisons rien n'est droit –, est parvenue à dépouiller Gérard de son flegme légendaire : « Pour vous satisfaire, madame, je ne vois qu'une seule solution, le pavillon Phénix ! »

On comprend pourquoi ce bon professionnel a décidé de traiter sa clientèle avec une certaine distance et un brin de cynisme. C'est le secret de sa longévité !

Fiche pratique n° 1

Se méfier du coup de foudre

Rien de plus ennuyeux que « l'achat raisonnable ». Comme disait Chamfort, « les raisonnables ont duré, les passionnés ont vécu ». Et pourtant, en immobilier, il faut se méfier du coup de foudre.

Aux passionnés, et nous parlons en connaissance de cause, nous ne saurions trop conseiller deux ou trois démarches préalables à la signature d'une promesse de vente.

Consulter par exemple la carte IGN, série bleue. Sur ces cartes, les plus détaillées du marché, tout figure. Les chemins, les plus petits cours d'eau, même intermittents, les lignes à haute tension et surtout les élevages industriels. Avicole de préférence, à un kilomètre de distance, caché derrière un repli du terrain et invisible à l'œil nu depuis le jardin de la résidence convoitée. Or, croyez-nous, un élevage de dindes, même à un kilomètre, fait un bruit insupportable. Il démarre sourdement. On ne sait dire ce qui l'engendre. Puis il enfle. Atteint un paroxysme, disparaît, revient, comme des ondes. On réalise alors que c'est un bruit animal. Des milliers de volatiles excités par la pâtée… Il n'y a absolument aucun moyen de s'en débarrasser. Mieux vaut donc jeter un œil sur la carte ou, si l'on trouve cela trop désuet, se rendre sur le site Géoportail qui donnera les mêmes informations.

Ce n'est pas parce qu'il n'y a pas d'élevage intensif dans les parages immédiats que vous n'allez pas en subir les conséquences. Qui dit élevage dit épandage. À des kilomètres à la ronde. C'est-à-dire, pour être très concrets, une odeur insupportable au moment où les agriculteurs répandent le lisier dans les cultures. Si par malheur votre maison est au milieu de ces champs, apprêtez-vous à devoir fuir plusieurs fois par an. Seul moyen de se prémunir contre ce désagrément, contrôler assez de terres pour éloigner la nuisance. Au moins quelques hectares. Il n'y en a pas d'autre. Laisser cultiver au ras de sa maison est une grave erreur, que l'on finit toujours par regretter.

D'une manière générale, la question foncière est fondamentale. Qui m'entoure ? Un seul et même propriétaire, attention danger ! Si c'est un agriculteur conventionnel, il y a de fortes chances pour qu'il considère tous les citadins comme des emmerdeurs écolos. Des intrus auxquels le territoire n'appartient pas vraiment, même s'ils en ont acquis un morceau. Vos haies, votre potager s'il est près de la limite, vos plantations d'une manière générale ne sont pas à l'abri d'un « sulfatage » impromptu. Si le coin est giboyeux, gare à vous. De septembre à fin février, deux fois par semaine, vous verrez des types en gilet fluo accompagnés de chiens qu'ils n'arrivent pas à contrôler tirer sur tout ce qui bouge ou presque. Le bruit des plombs sur les tuiles surprend, la première fois…

Ce n'est pas une raison pour baisser les bras. La question de l'emplacement résolue, il faut regarder de près le bâti. Si les tuiles ondulent, même légèrement, c'est mauvais signe. Allez dans le grenier, vérifiez la charpente, le lattage. Rien de tout cela ne doit vous décourager d'acheter, mais connaître la nature des travaux à envisager permet de relativiser le coût de la maison, donc d'en négocier le prix…

Enfin, il est impératif de contacter le maire et le président de la communauté de communes. Quels sont les projets envisagés en termes d'infrastructures et de constructions en général ? Bien évidemment, ces élus peuvent vous mentir, au moins par omission, nous en avons fait l'expérience nous-mêmes… Par ailleurs, quelles que soient vos convictions écologiques, l'éolienne est un danger très réel. La France en compte un peu moins de dix mille aujourd'hui mais leur nombre devrait doubler dans les années à venir et les préfets des régions peu équipées sont fortement incités à être proactifs… Consulter la carte des projets d'installation de parcs, en accès libre sur le site de la DREAL, la Direction régionale de l'environnement, de l'aménagement et du logement de chaque région, permet de connaître les risques, à défaut de les éliminer totalement.

8

Les accourus

Personne ne sait vraiment d'où vient l'expression, mais elle est très imagée. Les accourus, c'est nous, ce sont tous ceux qui ont élu domicile dans le Perche, à titre principal ou secondaire. Pour les Percherons qui nous désignent ainsi, cela laisse transpirer une légère condescendance. Pour nous, cela présage d'un accueil possiblement compliqué. Les clients de Gérard de Decker, quand ils sillonnent les petites routes à la recherche d'une maison, ne connaissent pas encore leur futur surnom. Ils l'apprendront bien assez vite. Et avec lui les règles non écrites qui régissent les relations entre autochtones et envahisseurs venus de la grande ville.

Les « locaux » regardent avec amusement les premiers pas de ces néophytes. Pierre, un ami agriculteur, rit encore, vingt ans après, au souvenir de l'arrivée d'un critique de cinéma parisien, échoué dans une longère XXL pour pouvoir y entreposer les 15 000 volumes de sa bibliothèque. Il observait d'un œil distrait l'installation de ce voisin quand il l'a vu déposer son sac-poubelle devant sa maison. Cet original, visiblement peu adapté à la vie rurale, imaginait-il qu'un camion-benne allait se déplacer jusque dans la cour de sa propriété ? Il faut croire que oui. C'est le premier délit d'initié dont Pierre a fait bénéficier celui qui allait devenir son ami : ici, il faut prendre sa voiture pour déposer ses ordures, dûment emballées, dans un conteneur prévu à cet effet sur le bord de la route. Autre bon tuyau glissé par Pierre : toujours arroser les tomates au pied, jamais avec la pomme de l'arrosoir, sinon elles attrapent « la maladie ». « La maladie, mais laquelle ? » s'est exclamé, goguenard, l'habitué des salles obscures. Ce raisonneur a expliqué doctement au paysan depuis des générations que les gouttes de pluie, elles, ne se réunissaient pas pour tomber toutes ensemble au pied du plant, alors ? Quand ses tomates ont été constellées de taches noires avant même de rosir, il a décidé qu'il n'avait pas la main verte et s'est exclusivement consacré à la tonte de sa pelouse. Pour poursuivre l'apprentissage, depuis des années, Pierre joint chaque soir l'utile à l'agréable. Il passe boire un verre chez le voisin, et s'assure du même coup qu'aucune catastrophe n'est à redouter…

Les maladresses commises par les accourus représentent une source de distraction inépuisable pour ceux qui s'ennuient à la campagne. Le mécanicien agricole se marre de revoir régulièrement le même Parisien converti aux joies bucoliques qui vient faire réparer la tondeuse, la tronçonneuse, le microtracteur dont il a fait l'acquisition. « Il casse tout », commente-t-il, comblé d'avoir mis la main sur un aussi bon client. Au début, c'est sur nous qu'il portait un regard amusé. Il nous avait bien dit que le tracteur que nous avions acheté était trop grand, difficile à manier, mal adapté à notre usage. Mais nous n'avions pas voulu l'écouter. Un John Deere, comme les modèles réduits de notre enfance, mais grandeur nature ! Nous l'avons revendu pour un plus petit… trop petit cette fois. Puis nous avons fini par écouter ses conseils. Depuis, la vie est plus simple.

Le patron de la jardinerie locale essaie de ne pas se moquer, car il faut savoir être commerçant. Mais il n'en revient pas des questions que lui posent les novices. Des gens qui ont l'air normaux mais qui ne savent ni quand ni comment planter un arbre. Ils ne connaissent pas la différence entre les plantes vivaces et annuelles ! Ils se ruent sur les pieds de tomates dès le début avril, sans se douter qu'il peut geler jusqu'aux « saints de glace », à la mi-mai ! Les femmes ont parfois des allures de Marie-Antoinette en son hameau de la Reine. Au bout d'une heure de jardinage, elles sont épuisées ! Tout bien réfléchi, elles décident de se contenter du choix des essences et de faire appel à un jardinier pour les travaux d'exécution.

Les hommes se divisent en trois catégories : les handicapés incapables de changer eux-mêmes une ampoule dans leur fermette ou de gérer seuls l'entretien de la chaudière ; les convertis de fraîche date, avides d'expériences inédites, dont l'enthousiasme n'a d'égal, en début de journée, que les crampes et tendinites qui les immobilisent avant même le coucher du soleil ; les dingues de la ruralité et du bricolage réunis, enfin, qui tiennent à être aussi à l'aise dans les travaux agricoles que s'ils étaient nés sur un tracteur. Depuis notre arrivée, nous nous efforçons d'appartenir à cette dernière confrérie sans pour autant tomber dans un mimétisme ridicule. Ce n'est pas toujours évident…

La familiarité avec le bricolage et le travail de la terre n'est pas la seule ligne de partage entre accourus. Deux groupes sociologiques qui se croisent mais ne se fréquentent pas dominent le paysage. Les grands bourgeois et autres descendants de vieilles lignées aristocratiques n'ont pas toujours des racines locales, mais sont arrivés les premiers, entre les années 1970 et 1990. Ils ont racheté des propriétés plus ou moins prestigieuses qu'ils ont restaurées, certains à grands frais, d'autres en comptant le moindre sac de chaux. Catholiques pratiquants pour la plupart, ils se sentent bien dans ces terres de l'Ouest, de vieille tradition religieuse. Bon nombre d'entre eux chassent, à tir ou à courre. La vénerie occupe son homme – ou sa femme. Rendez-vous est donné, deux fois par semaine, au milieu des bois pour le « rapport » qui précède la chasse. Quelques bonnes volontés se sont levées avant le soleil pour débusquer les animaux susceptibles d'être les cibles du jour. La traque dure parfois jusqu'à la tombée de la nuit. Et le soir, les participants se retrouvent, notamment à l'occasion de la Saint-Hubert, où les plus téméraires se déguisent et montent sur scène pour un spectacle aux accents grivois. Les porteurs de chevalière enfilent des bas résille, dansent le french-cancan et s'encanaillent pour quelques heures... Mais la plupart d'entre eux ne lèvent plus la jambe très haut. Ils ont largement dépassé l'âge de la retraite, et quelques piliers des samedis matin brumeux en forêt emportent avec eux leur escabeau pour pouvoir se hisser jusqu'à leur selle... Ils se montrent plus agiles sur le terrain médiatique. Accusés de s'adonner à une activité cruelle envers les animaux, les veneurs tentent de répliquer aux quelques manifestants qui viennent de temps à autre troubler leurs plaisirs. Ils exhibent un modeste agriculteur, membre de l'équipage, censé apporter la preuve qu'il s'agit d'un loisir ouvert à tous. Ils oublient de préciser que leur nouvelle vedette suit la chasse à bicyclette tandis qu'eux-mêmes sont perchés sur leur cheval...

Nous ne connaissions pas ce monde avant d'arriver dans la région. Aussi rions-nous un peu quand nous sommes invités à un mariage dont le carton d'invitation, très vieille France, prévient les convives : « douves non sécurisées » ! Nous hésitons à participer au « Tournoi de tennis du Perche », qui se déroule fin août sur des courts privés. Tenue blanche de rigueur. Créé il y a plus de vingt ans, cet événement est l'occasion de fraterniser avec quelques autochtones de bonne famille. Il se clôt par un pique-nique géant, et s'agrémente certaines années d'un rallye automobile qui rappelle aux organisateurs leurs lointaines années de scoutisme. Dans l'annuaire tenu à jour chaque année, beaucoup de familles nombreuses, de particules, de prénoms très codés sociologiquement. Au fil des pages, plus de Tiphaine que de Jennifer, de Charles que de Kevin… La plupart ne vivent pas à l'année dans le Perche. Leur métier – souvent dans les secteurs de la banque, de l'assurance ou de l'immobilier – ne peut s'exercer à distance. Et puis, aucun d'entre eux n'imaginerait sérieusement scolariser ses enfants à Mortagne, capitale mondiale du boudin noir. Aucun entre-soi garanti, pas même dans le collège-lycée privé, qui accueille des enfants venus de tous les milieux. Rien à voir avec les établissements scolaires de l'Ouest parisien qui, eux, pratiquent un impitoyable tri sélectif.

À l'autre bout du spectre des accourus se tiennent les bobos. Arrivés plus récemment, ils votent souvent écolo et veulent se rapprocher de la nature. Ce qui ne les empêche pas, à l'occasion, de fraterniser avec le député ou le sénateur du coin, même s'il porte l'étiquette LR. Un homme de droite, s'il est élu à plus de cent kilomètres de Paris, leur semble tout à coup beaucoup plus fréquentable. Il faut dire qu'ils ne supportent plus la grande ville, même pas celle que leur propose Anne Hidalgo, où le vélo est tellement roi qu'on se le fait régulièrement voler. Nous les retrouvons dans des bars et des restaurants qui semblent directement téléportés du canal Saint-Martin ou de la rue Oberkampf. Tout le monde tutoie le patron, c'est beaucoup plus cool ! Même en temps de confinement, la convivialité est préservée. Sur les marchés de produits locaux qui pullulent du vendredi au dimanche, un café ambulant en plein air, sorte de food-truck bucolique, sert des boissons chaudes et des jus de fruits. Bio, cela va de soi.

Les plus durs à la tâche construisent eux-mêmes leur piscine naturelle. Malgré le réchauffement climatique, ils ne peuvent s'y baigner que quelques jours de canicule par an, faute de chauffage. Mais ils toisent avec mépris ceux qui ont opté pour un bassin classique avec liner, margelle en pierre et pompe à chaleur. Tellement conventionnel ! Tellement pas Greta !

Les plus aventureux décident de faire le grand saut. Ils s'installent dans le Perche à l'année, et scolarisent sans états d'âme leurs enfants dans l'école du village, dans le collège ou le lycée de la petite ville voisine. Ils aimeraient tant fraterniser avec la population locale ! Leur métier leur permet en général de se délocaliser. Graphistes, journalistes, architectes, écrivains, ils ont surtout besoin d'une connexion Internet et de réseau téléphonique. L'épidémie a eu raison de leurs derniers scrupules : puisque le télétravail est désormais hautement recommandé, pourquoi se priver ? Certains de ceux qui ont longtemps gardé un pied-à-terre à Paris ont décidé de s'en séparer lors du premier confinement. Leur envie de ville s'est éteinte au fur et à mesure que les restaurants fermaient, que théâtres et salles de concert devenaient inaccessibles. Et puis, ils constituent désormais une petite communauté à eux seuls. Ils se réjouissent de cette nouvelle sociabilité paysanne. Une sociabilité pourtant assez artificielle, finalement. Comme nous, ils ont quitté la grande ville tout en conservant leur employeur parisien. Aucun de ceux que nous connaissons n'est réellement intégré au tissu économique local. Ils consomment sur place, mais travaillent ailleurs.

Les plus optimistes, pour tenter de se faire accepter, passent par la voie associative. Ils se proposent avec enthousiasme pour gérer bénévolement la médiathèque quelques heures par semaine, assurer l'aide aux devoirs après la classe, ou encore participer aux sorties scolaires. Mais rien n'est gagné…

Accourus ils sont, accourus ils resteront, qu'ils soient bobos ou grands bourgeois. Car, en dépit des apparences, ce qui les caractérise est finalement plus important que ce qui les différencie. Depuis notre arrivée, nous naviguons entre les uns et les autres sans trop de tangage. Chasseurs ou adeptes de la permaculture, amateurs de pâté de sanglier ou véganes, ils désirent que rien ne change, à part peut-être le réseau de téléphonie mobile, particulièrement déplorable. Ils partagent souvent l'amour des jardins et la passion du patrimoine. Nous les croisons, chaque année, lors d'une fête des plantes qui connaît un succès très œcuménique. Avec certains d'entre eux, nous visitons des maisons ou des manoirs en ruine que nous nous promettons de racheter puis de restaurer ensemble, pour la satisfaction de les sauver, tout simplement. Et bien sûr, nous ne le faisons jamais.

9

L'ABF, notre fonctionnaire préféré

Personne ne nous a prévenus. Alexandre Girardin arrive à ses rendez-vous aussi en retard qu'un président de la République. Lui qui adore l'Ancien Régime ne semble pas connaître la maxime selon laquelle l'exactitude est la politesse des rois. Il fait froid, ce matin de décembre. Aussi froid à l'intérieur qu'à l'extérieur de nos nouveaux murs. En cet automne 2000, nous venons de signer l'acte de vente chez le notaire mais n'avons pas encore emménagé. Pas une chaise, pas un fauteuil, et heureusement pas de thermomètre pour nous indiquer la température. Sans chauffage, sans meubles, sans déco, la maison semble tout à coup moins accueillante.

Mais nous sommes prêts à tout affronter avec le sourire. Nous faisons l'aller-retour depuis Paris dans la journée pour rencontrer une sommité locale. L'architecte des Bâtiments de France, généralement désigné par son sigle, « ABF ».

Les ABF constituent une espèce à la fois rare et, jusqu'à peu, étrangement hybride. Ils sont à peine plus d'une centaine en France, qui règnent chacun sur un département. Ils ne sont devenus fonctionnaires que tardivement, en 1946. Jusqu'alors, ils bénéficiaient d'une sorte de charge d'Ancien Régime et se rémunéraient sur le montant des travaux qu'ils ordonnaient et encadraient. Survivance de cette tradition, ils ont pu jusqu'en 2001 conserver une activité libérale, y compris dans le département où ils exerçaient : voyez mon traitement fixe et mon emploi à vie, je suis fonctionnaire ; voyez mes honoraires, je suis libéral. Alexandre, comme la quasi-totalité de ses collègues, a ainsi baigné pendant des années dans le conflit d'intérêts jusqu'au cou. En toute légalité. Il était l'architecte privé de propriétaires de monuments relevant de sa compétence territoriale. Lui incombait donc la lourde responsabilité d'autoriser ou non des permis de construire qu'il avait lui-même élaborés contre une juste rémunération.

Quand nous faisons sa connaissance, il a entre autres clients nos voisins immédiats, propriétaires d'un manoir inscrit à l'inventaire supplémentaire des monuments historiques (ISMH), dont il a également la charge en tant qu'ABF. À ce titre, il veille avec un soin jaloux à tout ce qui peut modifier l'environnement de son « cher » manoir…

Or, sa bénédiction nous est indispensable pour engager quelques travaux que ce soit. Notre logis est en effet situé à moins de cinq cents mètres du manoir. Nous sommes, selon l'expression consacrée, « dans le périmètre ». Et Alexandre Girardin ne plaisante pas avec le périmètre. L'année précédant notre arrivée, ce zélé fonctionnaire a fait déplacer son cabanon de jardin à un paisible retraité qui empiétait de quelques mètres. L'anecdote, vraie ou fausse, nous a marqués. Il nous faut absolument séduire l'ABF pour pouvoir réaliser les travaux auxquels nous songeons : démolir un appentis disgracieux, changer deux fenêtres en façade, à la fois laides et vétustes, et surtout, aménager l'étage, préalable indispensable à notre installation en famille. Les enfants peuvent sans difficulté camper le week-end dans un dortoir de fortune, mais pas y passer toute une année scolaire...

Nous nous efforçons donc de grelotter dans la bonne humeur. Trente-cinq minutes de retard. D'ordinaire nous serions déjà partis. Mais l'assistante de l'ABF, que nous avons fini par appeler – coup de chance, notre nouvelle acquisition ne se trouve pas en zone blanche –, nous a répondu d'un ton enjoué que tout allait bien, que M. Girardin allait arriver d'un moment à l'autre, qu'il ne fallait pas nous inquiéter...

En effet, une voiture se gare enfin contre le pignon du logis. Mais personne n'en sort. Une éternité passe. L'un de nous finit par s'aventurer vers le véhicule. Il revient, seul, un peu agacé mais hilare. Le conducteur n'a pas fait de malaise. Il ne semble pas non plus foudroyé par une crise de phobie sociale. Non, il s'agit bien de notre ABF et il a l'air tout guilleret. Affublé de bacchantes à faire pâlir d'envie Sadi Carnot, il bat la mesure avec dévotion, assis au volant de sa Clio de fonction. Pour nous donner une contenance, nous nous affairons dans le jardin. Une portière claque. Nous voyons s'avancer vers nous un énergumène en culotte de velours à la mode tyrolienne, fixée juste en dessous du genou, sur des chaussettes blanches, montantes et torsadées du plus bel effet. Pas d'excuses pour le retard, juste de l'extase : « Ah, Marin Marais et la viole de gambe ! » dit Alexandre, les yeux et les mains tournés vers le ciel. Fort heureusement, nous avons vu quelques années plus tôt *Tous les matins du monde* au cinéma, ce qui nous permet de prendre un air entendu.

Avec une telle entrée en matière, toutes les conditions paraissent réunies pour que nous le prenions en grippe. Rien ne laisse présager que ce personnage, à première vue cuistre, mal élevé et un brin ridicule, va nous inoculer un virus incurable, celui des vieilles pierres. Jamais nous ne deviendrons intimes, et celui qui sera par la suite notre ABF préféré ignore donc qu'il a, littéralement, changé notre vie. Avant de le rencontrer et d'avoir la chance d'être initié par lui aux charmes et aux subtilités du patrimoine, nous ignorions que visiter un bâtiment ancien, qu'il s'agisse d'un château ou d'une grange, revient à se lancer dans une enquête exaltante. On recherche des indices. On échafaude des hypothèses pour souvent les voir récusées, l'instant d'après, par une nouvelle découverte. On imagine l'histoire de ce lieu que l'on explore, de ceux qui y ont vécu. On tente de deviner leurs intentions architecturales, leurs réussites et leurs déboires. Cela ressemble à une aventure du Club des Cinq.

Habité par son métier, Alexandre Girardin ne compte ni ses heures ni son énergie, comme nous le constatons lors de cette première rencontre. Il arrive en retard mais consacre ensuite une journée entière de son temps de fonctionnaire à décrypter notre maison. Personne – à part nous – ne lui en saura gré. Cela s'appelle la passion. Nous ne le remercierons jamais assez de nous l'avoir transmise bien au-delà de ce qu'il imaginait.

À peine entré dans la maison, l'ABF s'anime. Il nous parle de « traces archéologiques » pour désigner quelques pierres situées sous une fenêtre. Une fenêtre ? Pardon, une « baie ». L'amour du patrimoine, nous le saurons bientôt, est une discipline exigeante, qui a banni de son lexique tout terme profane. Pas de fenêtres, donc, seulement des « baies ». Quand nous faisons valoir à notre illustre visiteur qu'un appentis condamne la moitié de la fenêtre de la salle de bains, il nous regarde avec un mélange égal de mépris et de pitié : il s'agit d'une « baie » et peu importe l'usage que des propriétaires peuvent faire d'une pièce. C'est une considération si vulgaire qu'il esquisse une mine de dégoût. D'ailleurs, il veut aussi que soit détruit l'appentis qui abrite la cuisine. Il faut bien reconnaître qu'il n'est pas très élégant, avec son toit en Fibrociment. Mais nous faisons remarquer à l'ABF que nous avons besoin d'une cuisine… Nouveau haussement de sourcils. Comme nous aimerions, comme lui, vivre dans un monde débarrassé des contingences matérielles ordinaires !

Au fil de la visite, il n'est pas difficile de comprendre qu'Alexandre Girardin trouve très quelconque la demeure que nous venons d'acheter avec enthousiasme – une « maison de garde-barrière », écrira-t-il plus tard. Mais, bonne nouvelle, il s'agit d'un logis édifié au début du XVIe siècle dont on peut, en examinant les murs, lire le passé comme dans un livre. Débute alors une visite enchantée de notre nouvelle acquisition, de la cave au grenier. Nous tentons de comprendre la langue étrangère de notre nouveau professeur, qui nous parle de coussiège, de mur gouttereau, d'amortissement, de chanfrein, de mouluration à ressauts…

Il nous assure aussi que, cachées dans le mur de l'escalier en vis, se dissimulent d'anciennes latrines, les toilettes d'autrefois. Comment le devine-t-il ? Parce que le mur devrait être légèrement arrondi et qu'il est parfaitement droit sur environ deux mètres. Il nous intime l'ordre de convoquer au plus vite un maçon en sa présence.

Le jour dit, nouvel aller-retour depuis Paris. Celui qui va devenir notre guide spirituel en patrimoine avait raison. Il donne avec impatience l'ordre de détruire le mur à un maçon qui n'en voit pas l'utilité mais tous les inconvénients : poussière, gravats à ramasser, construction fragilisée… Peut-être, mais au bout de ses coups de masse nous attend notre premier émerveillement d'amoureux des vieilles pierres : les vestiges d'une bretèche abritant des latrines construites il y a cinq siècles !

Insupportable mais authentique passionné, l'homme compte dans le Perche autant d'ennemis irréductibles que de disciples. Si l'on devait tomber dans le cliché journalistique, on dirait qu'il ne laisse personne indifférent. Le jour où il a fait rempart de son corps, face à des tracteurs conduits par des paysans en fureur, pour que la cour de la préfecture soit préservée d'un épandage de fumier, reste dans de nombreuses mémoires. Ce n'étaient pas le prestige et l'autorité de l'État déconcentré qu'il entendait protéger, mais une cour pavée Louis XIII qui, selon lui, compte dans l'Hexagone parmi les plus préservées des outrages du temps et des hommes.

Certains maires écument encore de rage, des années après le classement de leur commune en « ZPPAUP[1] », sur décision de l'ABF. Cela contraint, par exemple, à ne pas poser de volets en PVC et à bannir de ses plantations les essences que l'on trouve le plus fréquemment dans les lotissements périurbains, tels les thuyas. Tout classement en ZPPAUP est à la fois une reconnaissance de sa valeur historique pour un quartier ou un village, et une perte d'autonomie pour le conseil municipal, qui voit ses prérogatives scrutées, voire rognées, par l'architecte des Bâtiments de France. L'un de ces édiles

1. Zones de protection du patrimoine architectural, urbain et paysager. Aujourd'hui appelées Sites patrimoniaux remarquables (SPR).

s'était fait remarquer en plantant à l'entrée du bourg dont il était maire un thuya, essence pavillonnaire par excellence et proscrite par le règlement, assorti d'une pancarte où il avait inscrit une mention qui disait toute sa révolte : « Arbre de la Liberté ».

Dans les années qui suivront notre première rencontre avec Alexandre, nous entendrons régulièrement des propriétaires de manoir, bien après son départ du département, déblatérer contre lui, parce qu'il s'était opposé à des aménagements qu'il jugeait attentatoires à l'intégrité de l'édifice. D'ailleurs, même s'il fanfaronnait beaucoup sur la mise au pas des récalcitrants, il avait renoncé à s'aventurer dans certaines propriétés, de peur d'y être accueilli à coups de fusil… La légende assure que c'est arrivé.

Il poussait parfois l'intégrisme un peu loin, mais nous ne l'avons jamais pris en défaut d'indifférence ou d'amateurisme. Sans lui, jamais nous ne serions devenus à notre tour des passionnés de patrimoine, prêts à tout pour visiter une grange dîmière, un château fort en ruine ou un manoir à l'abandon. Nous n'avons pas compris tout de suite l'étendue de la maladie ni ses effets secondaires qui tous contribuaient à nous éloigner un peu plus de la grande ville.

10

Premiers pas

Nos débuts, dans ce rôle d'accourus que nous avons découvert avec un mélange d'enchantement et de terreur, ont connu quelques embardées. S'adapter à son nouvel environnement est moins facile et plus excitant que l'imaginait notre psychologie de citadins.

Assis sur la tondeuse autoportée, au bout du jardin, nous sommes pris d'un léger vertige. Devant nous, huit hectares qui s'étendent, du moins le croyons-nous, à perte de vue. Notre précédente maison était entourée de 4 000 mètres carrés de pelouse. C'était déjà grand et il avait fallu investir dans un tracteur-tondeuse. Mais là ! Huit hectares ! Vingt fois plus ! C'est tout simplement hors norme. Que fait-on avec huit hectares ? Pas question de les tondre. Il y a des haies, un petit bois, deux mares, des prairies… Et tout cela pousse. Devient menaçant. Au vertige succède la panique. Il faut agir et vite. Si on laisse passer une année, on risque d'être totalement submergés. Qui appeler au secours, et pour faire quoi ? Nous n'en avons aucune idée. Dans nos familles respectives, aucun ancêtre paysan suffisamment proche pour nous avoir préparés à la confrontation. Nous avons voulu contrôler notre environnement et voilà qu'il nous déborde !

Un voisin charitable, à qui nous confions notre désarroi, nous donne les premiers conseils. Les haies, il faudra les contenir, les tailler, mais pas d'angoisse, ça peut attendre. L'herbe, en revanche, il faut s'en occuper dès maintenant. C'est du reste une obligation. On doit entretenir ses terres, on ne peut laisser pousser les herbes folles comme ça. Le mieux serait de faire du foin mais c'est un peu tard pour s'organiser. Et puis, il faut être vigilant. Une fois qu'un agriculteur est intervenu deux fois de suite chez vous, ça devient chez lui. Vous ne pouvez plus faire ce que vous voulez de vos champs. Boiser par exemple. Alors méfiance. Pour cette année, la solution d'urgence, c'est le broyage. Un gâchis. Dépenser de l'argent, de l'énergie, du carburant pour détruire ce qui pourrait nourrir un cheptel. Il faut néanmoins s'y résigner. Mais comment faire ?

La solution, nous dit-on, c'est la Cuma. La quoi ? la Cuma, la coopérative d'utilisation de matériel agricole. À condition bien sûr qu'elle nous accepte, car en théorie cette structure est réservée aux agriculteurs. Une visite à son président s'impose. Il faut bien la préparer. Être modeste. C'est un service que nous demandons. La Cuma n'a pas vocation à sortir de l'ornière les Parisiens inconscients empêtrés dans leur propriété. Le type, nous dit-on, est sympa. Assez atypique. Amoureux du théâtre de boulevard, il fait l'acteur chaque année au sein de la troupe du foyer rural. De fait, il est d'emblée compréhensif. Il a un peu pitié de nous mais a l'élégance de ne pas trop le faire sentir. Nous l'amusons autant qu'il nous trouve ridicules. Il va nous tirer d'affaire moyennant l'achat, pour une somme symbolique, d'une part de la coopérative. Trois semaines plus tard, un tracteur de 200 chevaux équipé d'un broyeur de trois mètres de large vient tout remettre en ordre. En moins d'une heure, il avale nos prairies. Elles ressemblent désormais à un carré de pelouse. Nous voilà tranquilles pour un an, le temps de trouver une solution plus pérenne. Boiser une parcelle. S'entendre avec un agriculteur de confiance pour faire les foins. Accueillir deux ou trois chevaux à la retraite qui s'occuperont du reste…

Nous sommes donc sauvés et pas peu fiers. Nous « maîtrisons huit hectares » ! Un sentiment de puissance nous envahit. Nos « terres », mot magique, nous obéissent. L'*hubris* n'est pas loin. Mais une fois les prairies broyées, il nous faut gérer le quotidien dans la durée.

La clef du bonheur et de la tranquillité à la campagne, c'est l'homme à tout faire. Si l'on possède un château, ou à tout le moins une grosse propriété, on fait appel à un gardien, voire à un jardinier. Mais pour nous, c'est un « homme à tout faire ». Il est probable qu'aujourd'hui le terme heurterait les vigilants de tous poils. Ils lui préféreraient certainement un néologisme du type « partenaire rural multitâches » ou bien « accompagnateur de campagne polyvalent »… On a même vu fleurir dans le Perche ces dernières années des services de « conciergerie » pour résidences secondaires. Des jeunes gens bien élevés tondent la pelouse et arrosent les plantes. Ils nourrissent le chat ou les poules. Ils soignent également le moindre détail. Ils préparent le feu, par exemple. Disposent savamment sur et sous les chenets papier journal, allume-feu, petit bois et bûches pour que le cadre surmené n'ait qu'une allumette à craquer le vendredi soir lorsqu'il arrive, épuisé, au terme d'une semaine de réunions.

Pour nous, la quête est plus modeste. D'emblée, nos vendeurs, nos voisins, notre agent immobilier nous exposent la difficulté de la tâche.

C'est simple, les bons sont tous pris et les moyens débordés. Il va donc falloir accepter de prendre quelques risques. C'est-à-dire se rabattre sur le « père Gustave », sans qu'à aucun moment on puisse le confondre avec un ecclésiastique… Le bonhomme est encore en forme. Il a fait dix métiers. Maçon, cantonnier, garçon de ferme… Il a frôlé la correctionnelle aussi. Tapage, rébellion, outrage… Comme tous les anciens alcooliques, il ne touche plus une goutte de vin, pas même un verre de cidre de temps en temps. C'est donc à lui qu'il va falloir confier les clefs. Le père Gustave, personne ne l'appelle autrement, est gentil comme tout. Court sur pattes, aussi large que haut, il est encore d'une force herculéenne. Même si on est sportif et qu'on se trouve courageux, les vrais travailleurs manuels rendent modeste. Gustave est de ceux-là. Ses mains sont des outils. Sans gants, été comme hiver, il abat sa besogne. Sans à-coups, sans jamais se presser, sans faire le malin. Avec une lenteur apparente qui n'est que de la régularité et au bout de la journée un résultat qui force le respect.

Il va nous accompagner pendant des années. Fidèle au poste. Fiable comme personne. Il sera un peu déçu que notre connaissance du monde de la télévision ne puisse l'aider à améliorer la réception de ses chaînes préférées, dans sa maison au milieu des bois. Notre prestige en prendra un coup. Et puis un jour, accablé de fatigue, comme un enfant qui s'agite jusqu'à tomber d'épuisement, il arrêtera. Sans prévenir. Sans se justifier. Sans nous proposer qui que ce soit pour prendre sa suite. Nous avions passé des heures, des journées ensemble à planter des arbres ou à refaire des clôtures. On aurait pu se croire finalement assez proches. Ou à tout le moins liés par la connivence du labeur partagé. Mais un monde nous séparait. Cela nous arrangeait certainement de ne pas le voir mais lui, sans jamais le faire remarquer, ne l'avait pas oublié.

Exit donc le père Gustave. Bienvenue à Jean-Paul. Il arrive recommandé par sa femme, qui à l'occasion a gardé nos enfants. « Mon mari sait tout faire », assure-t-elle. Au départ, ça semble louche. Nous y allons donc à reculons, mais Jean-Paul est plein de surprises. De bonnes surprises. Officiellement, nous explique-t-il, il n'a pas le droit de beaucoup travailler. Pas de travaux de force en tout cas… Il y a des années de cela, un accident de voiture lui a sérieusement endommagé la colonne vertébrale. L'hôpital local n'a pas fait de miracle. Jean-Paul, un jour sur deux, doit mettre une ceinture lombaire pour supporter une douleur qui sinon le paralyse. Il fait avec. Abat des journées de douze heures. Tronçonne, débroussaille, bricole tant qu'il peut et tente de convaincre l'administration qu'il est capable de bosser à temps plein. Sans succès. Il jongle donc entre quelques chèques emploi service et davantage de cash. Sa femme avait raison. Il sait tout faire. Nous lui confions même nos fils adolescents pour leurs premiers jobs d'été. La clope du matin au bec, il conduit son camion avec son inoxydable bonne humeur vers ses multiples chantiers. Tondre, débroussailler, « passer le fil ». Mieux qu'un stage ouvrier en école de commerce ! La « vraie vie », la vie tout court.

Elle pourrait être douce, si les projets délirants du maire de la commune ne nous conduisaient pas rapidement à ramener les limites de notre « domaine » à leur juste proportion.

11

Rébellion

Le petit village dans lequel nous avons élu domicile n'a pas de charme particulier. Il est même, disons-le, assez laid. Mais son environnement, en revanche, est magique. Par la grâce d'un précédent maire, notre commune est une des très rares à avoir échappé au remembrement. C'était dans les années 1980. L'élu d'alors, écolo avant l'heure, réussissait le tour de force de fédérer le conseil municipal, au sein duquel siégeaient bon nombre de paysans, contre le projet de la chambre d'agriculture. Ce sont des centaines de kilomètres de haies qui ont ainsi échappé à l'arrachage. En bien des endroits, sur le territoire de la commune, on ne sait plus dans quel siècle on évolue. Pour peu que les lignes électriques soient discrètes, on se croirait au Moyen Âge. Jusqu'à la silhouette massive du manoir du village, dressé sur sa colline, qui vient brouiller les repères temporels. Partout des haies, des arbres séculaires, des chênes têtards qui marquent la limite des parcelles. C'est un des plus beaux paysages du Perche. Et c'est au milieu de cette merveille que le maire, bien moins vert que son prédécesseur, entend développer son projet sacrilège.

Ce roitelet local est notaire. Un détail qui a son importance. Il est aussi ambitieux. Il préside la communauté de communes et, les soirs de grand vent, se verrait bien un destin national… Il est enfin colérique, ce qui n'est jamais un atout.

En contrebas de chez nous, dans une vallée préservée, un investisseur suisse vient d'acquérir une superbe ferme du XVIIe siècle magnifiquement restaurée et les soixante hectares de pâtures qui l'entourent. Son objectif : en faire un « PRL », un parc résidentiel de loisirs… Avec nos voisins, qui auraient une vue plongeante sur le lieu de la catastrophe, nous instruisons le dossier.

Le PRL en question, c'est plus de 300 mobile-homes autour d'un terrain de pétanque et d'un court de tennis. Le tout géré sous le régime de la copropriété, avec tous les risques que cela comporte. La promesse faite aux futurs acheteurs, c'est une résidence secondaire à moindre coût, quelques dizaines de milliers d'euros. La « maison de campagne » qu'ils n'auraient jamais pu s'offrir. La promesse aux locaux, ce sont des retombées économiques et de l'emploi. La promesse non dite, enfin, pour le maire notaire, ce sont plus de 300 transactions immobilières d'un seul coup…

Mais pour nous, un désastre. Et pour la commune, une cruelle illusion. En guise de retombées économiques locales, rien ou presque. C'est une grande société d'une ville située à cinquante kilomètres qui gèrera l'entretien. Les 300 ou 350 familles iront évidemment faire leurs courses au supermarché le plus proche, à un quart d'heure de voiture, et pas au café-tabac-épicerie du village, qui serait par ailleurs bien en peine de les servir. Mais il y a pire. Partout où des PRL ont fleuri, ces résidences agréables se sont en quelques années transformées en cités pour déshérités. Notre voisin, très motivé, mène l'enquête. C'est un jeune retraité. Il a du temps. Son constat est sans appel. À chaque fois le scénario se répète. Assez vite, en trois ou quatre ans, un certain nombre de copropriétaires, déçus ou dans la gêne, cessent de payer leurs charges. L'entretien s'en ressent. Le tennis, sur lequel presque personne ne jouait, n'a plus de filet et est envahi par la mousse. Le terrain de boules est impraticable. Les plus malins vendent sans attendre. Non à des citadins en mal de week-end, mais à des réfugiés économiques à la recherche d'un logement bon marché. Le mouvement s'amplifie et avec lui la dégradation lente du PRL. On ajoute ici un appentis, là un poulailler. Fatalement, une première carcasse de voiture en voie de cannibalisation fait son apparition. C'en est fini alors du paradis touristique, le « parc » laisse place à une sorte de camp de migrants de l'intérieur en dur.

Convaincus de l'urgence, nous partons en guerre. Le maire, qui nous avait assuré six mois plus tôt, au moment de notre achat, qu'il n'y avait aucun projet sur la commune, finit par nous accorder à contrecœur un rendez-vous. Il nous reçoit à la mairie, flanqué de deux adjoints. Le ton monte assez vite et l'un de ses deux sbires file, prétextant une urgence. Le maire, de plus en plus agressif, préfère instruire notre procès que défendre son dossier. Non, le Perche n'est pas une réserve, un territoire sous cloche, un paradis pour bobos. Alors qu'il s'apprête à dévaster sa commune, dont la population ferait plus que doubler avec ce PRL, il prétend œuvrer au développement, au nom de l'intérêt général, tandis que nous ne sommes rien d'autre que deux imposteurs.

Nous payons des impôts locaux, nous faisons travailler les commerçants du village, nos enfants y sont scolarisés, nous nous sentons malgré tout assez légitimes pour faire valoir notre point de vue. Surtout que ce projet, nous en sommes convaincus, est terriblement toxique. Au-delà même de ce qu'on peut imaginer. Nous avons enquêté nous aussi. Grâce à quelques amis journalistes à Genève, nous avons appris que l'investisseur suisse est interdit de gestion dans son propre pays. L'achat d'une ferme du XVIIe siècle et de ses soixante hectares pour en faire un parking à mobile-homes n'a du reste aucune cohérence économique. Cela ressemble beaucoup à une opération de blanchiment d'argent dont notre pauvre maire ne serait que l'idiot utile. Nous le mettons en garde. Essayons de lui démontrer l'inanité du schéma. Mais rien n'y fait. Rouge comme un coquelicot, il éructe, s'emporte. Nous le quittons sur la promesse de tout mettre en œuvre pour torpiller ce projet fou. Nous n'aurons pas besoin de faire beaucoup d'efforts. Alertée par nos soins sur le profil de l'acheteur, l'autorité préfectorale lui recommande vivement de capituler…

Voilà notre paradis sauvé. Pour l'instant. Mais ce combat va laisser des traces. Les prochaines municipales sont dans trois ans. Chacun se doute bien que les choses ne peuvent rester en l'état…

12

Ah ! L'école !

L'école que fréquentent nos fils, en ce début des années 2000, est un décor de film. Nous nous en rendrons compte deux ans plus tard quand sortira le documentaire de Nicolas Philibert, *Être et avoir*. De l'autre côté de la route, en face de la cour de récréation, une pâture avec des vaches laitières. Pour la cantine, aux fourneaux, une dame du village. C'est un peu la grand-mère de tous les écoliers. Elle n'hésite pas à cuisiner les légumes de son potager, à apporter quelques œufs ou des cerises. Tout le monde est content. Sauf l'administration de l'Éducation nationale, scandalisée par cette atteinte à la traçabilité et aux directives européennes. Elle finira par gagner et avec elle la Sogeres… Finis les paniers de cerises sur lesquels les enfants se jettent, en juin, quand ils arrivent dans la cour de récréation.

Dans cette école, quatre classes pour huit niveaux. Grande section de maternelle et CP, CE1 et CE2, CM1 et CM2 ne sont séparés que par l'allée centrale de la salle de classe. L'un après l'autre, nos enfants vont la franchir en cours d'année. Ils ne sont pas les seuls, bien sûr. Les maîtresses sont plutôt fières. Elles considèrent ces passages anticipés comme le fruit de leurs efforts pédagogiques. Le rectorat, lui, y voit surtout un problème. Nous découvrons avec effarement qu'il a horreur que des élèves sautent une classe. C'est un principe, une posture idéologique qui confond égalité des chances et égalitarisme. Avec les institutrices, nous tiendrons bon et éviterons ainsi à nos enfants l'ennui en classe, qui est le pire ennemi du plaisir d'étudier.

Ces enseignantes sont admirables. Elles sont quatre. L'une fait office de directrice. Elle nous rappelle les maîtres d'école de notre enfance. Personnages importants et respectés. Compétents et protecteurs. Peut-être parce que, ici, on peut louer une petite maison pour 500 euros et qu'on n'a pas à effectuer une heure de trajet pour venir travailler, elles semblent épanouies et non pas déclassées comme leurs collègues de Paris. Quand la cloche sonne et qu'elles raccompagnent les enfants à la grille, les parents sont là, rangés en file indienne sur le chemin d'accès. C'est une France modeste alignée devant l'école de la République. Il y a quelques couples de Hollandais arrivés il y a longtemps. Tout le monde a oublié pourquoi. Et nous. Un peu ostracisés les premiers mois. Puis peu à peu intégrés à force de sorties scolaires et de fêtes de l'école, avec pêche à la ligne et tombola. Pas encore tout à fait percherons mais plus vraiment étrangers. Parfois, il faut bien l'avouer, un léger vertige nous prend devant l'extrême dénuement de certaines fermes dans lesquelles nous déposons nos enfants pour un goûter d'anniversaire…

Il apparaît que plusieurs écoliers ont des parents qui savent à peine lire et écrire. L'institutrice décide donc de forcer sur les dictées. Mais l'inspecteur d'académie, son supérieur hiérarchique direct, ne voit pas cette activité d'un bon œil. La dictée, c'est ringard, presque réactionnaire, pas du tout en ligne avec les dernières innovations pédagogiques. Il la met donc en garde. Quand il reviendra pour l'inspecter, pas question de voir la trace d'une dictée quotidienne dans les cahiers de ses élèves. La maîtresse décide donc de s'adapter. Pas d'obtempérer, mais de ruser avec l'institution. Elle fait faire, chaque jour, une dictée sur des feuilles volantes. Elle les corrige, puis les emporte à son domicile. L'inspecteur d'académie n'ira tout de même pas perquisitionner chez elle ! En charge des CM1-CM2, elle veut absolument que toutes ses ouailles soient fin prêtes pour le collège. Aussi préconise-t-elle le redoublement – on dit désormais le « maintien » afin de ne pas stigmatiser – d'un garçon dont elle juge les acquis trop fragiles. Elle souhaite le garder un an de plus auprès d'elle pour qu'il soit le mieux armé possible. Les parents sont d'accord. Là encore, la hiérarchie de l'Éducation nationale se déchaîne. Pas de « maintien ». Allez, ouste, tout le monde sur le même tapis roulant !

Notre fille fréquente le collège public de la ville voisine. Un lieu assez paisible si ce n'est qu'un quart des élèves sont en grande difficulté. Comme le dit un professeur de français peu rompu au politiquement correct, lors d'un conseil de classe, « ils sont illettrés ». C'est la réalité. La consigne est pourtant stricte : les faire passer dans la classe supérieure pour qu'ils sortent du collège unique le plus tôt possible. Le système scolaire, réputé égalitaire, ne peut plus rien pour eux. Ils iront apprendre un métier sur le tas dans le meilleur des cas. En attendant, ils sont prisonniers d'une salle de classe où rien n'est prévu pour eux. Ils sont en stabulation. Ils doivent attendre des jours meilleurs. Nous sommes scandalisés par l'indifférence dans laquelle sont tenus les collèges ruraux. Jamais un désordre, jamais une émeute, seulement un sentiment d'abandon, sans bruit ni fureur. Donc aucune raison, dans les ministères, de se préoccuper du problème et de prendre les mesures appropriées. On met la poussière sous le tapis. Et on s'étonne ensuite que 20 % des jeunes sortent du système scolaire sans diplôme ni qualification.

Au lycée, la situation s'arrange. La sélection qui n'ose dire son nom a fait son œuvre. L'établissement de la ville voisine est bien classé dans les palmarès nationaux, et sa cantine bénéficie d'une réputation gastronomique justifiée. Le chef est un cordon-bleu, il adore son métier, et la nourriture, c'est bien connu, est essentielle pour le moral des troupes.

Nous n'osons pas raconter la moitié de la réalité scolaire locale à nos amis de la capitale. Dans les dîners parisiens, certains parents – surtout les mères ! – se lamentent sur les choix cornéliens auxquels ils font face.

Ah ! L'école !

Chouchou serait-il mieux à Louis-le-Grand, à Condorcet ou à Janson-de-Sailly ? À moins qu'un établissement privé d'élite soit mieux adapté à son cas ? Il faut y penser dès l'école élémentaire pour bien se positionner. Quand on nous demande comment nous faisons, nous répondons que nous ne sommes pas confrontés à tous ces dilemmes puisque nous n'avons pas le choix. De tels propos sèment la consternation autour de la table. C'est pourtant vrai ! Il y a, comme dans les films de Don Camillo, deux collèges, un public, un privé. C'est tout. Même chose pour le lycée. Et, comme dit le proverbe, quand il n'y a pas de solution, c'est qu'il n'y a pas de problème…

13

Les rois de la fête

Le virus inoculé par Alexandre Girardin, notre ABF vénéré – l'architecte des Bâtiments de France donc –, a progressé. C'est une maladie à évolution lente mais dont rien ne permet de guérir, surtout pas le bon sens ou la rationalité. Après quinze années dans notre première maison, et presque autant passées à visiter tout ce qui était à vendre, nous sommes donc tombés sous le charme d'une nouvelle demeure. Un peu plus grande mais surtout plus ancienne et plus authentique. Joie suprême, elle est à la limite de l'habitable. Nous voilà donc à la tête d'un calendrier de travaux imposant. La première tranche s'est déroulée sans anicroche. Nous nous faisons une joie d'entamer la deuxième en cette fin d'été, mais bien que nous ne soyons plus tout à fait débutants, nous allons déchanter.

Notre architecte (pas l'ABF, mais celui qui suit le chantier au jour le jour), avec lequel nous travaillons depuis un an, affiche un sourire un peu mou, systématique dès qu'il se sent en difficulté. Ce mélange de suavité et de faiblesse doit en désarmer certains. Nous, il nous insupporte. Mais il est un peu le seul sur le marché dans la région. Nous devinons que sa réponse ne va pas nous convaincre. L'artisan dont nous venons de lui montrer le devis a l'an passé réalisé chez nous quelques travaux bien exécutés pour un prix raisonnable. Pour la deuxième tranche, ses prétentions paraissent exorbitantes. On se dit que tout doit avoir doublé à notre insu, le coût des matériaux, celui du travail, les cotisations sociales… Or ces travaux, nous en avons besoin, et c'est en toute confiance que nous pensions continuer avec la même équipe. Mais là, devant le montant affiché, nous voulons comprendre.

Le sourire mou s'anime de mauvaise grâce : « On est à peu près dans les prix, dit-il, peut-être un peu cher, mais à la marge. » Nous sommes sidérés. Que s'est-il passé en douze mois ? « C'est simple, poursuit l'architecte, l'an dernier, il vous a fait ce qu'on appelle un devis d'entrée pour avoir le marché, et maintenant qu'il est dans la place, il revient aux vrais prix et il se rattrape. » En gros, nous sommes coincés, victimes d'une sorte de petit racket. Tous les bons artisans ont environ un an de commandes devant eux. Si nous voulons nos travaux dans les temps, comme prévu, il faut céder. L'architecte n'a nullement l'intention de nous épauler. Il sait que ses clients font rarement plus d'une restauration, alors que les maçons, les charpentiers, tous ces corps de métier, il va les côtoyer sa vie professionnelle durant. Son choix est rapidement fait. Il vaut mieux se fâcher avec un propriétaire qu'avec un artisan. Nous nous fâchons donc. Ce « devis d'entrée », lui expliquons-nous, aura été finalement aussi un « devis de sortie ». Exit l'artisan, et dans la foulée l'architecte et son sourire gênant. Et tant pis pour l'inconfort qui en résulte. Nous allons devoir surseoir aux travaux. Camper un peu plus longtemps que prévu. Le temps de trouver un autre maçon, ce qui est peut-être l'une des choses les plus difficiles à réaliser dans notre nouvelle vie.

On ne dira jamais assez de bien de Valéry Giscard d'Estaing pour son ambition de « revaloriser le travail manuel » ainsi qu'il l'avait proposé en 1976. Que n'a-t-il pu réaliser ce souhait ! À l'époque, la plupart des beaux esprits avaient crié au scandale. Comment pouvait-on priver des jeunes, qui pourtant n'avaient aucune envie de faire des études, du bonheur d'aller jusqu'au bac ? Ensuite, une fois aux affaires, ces mêmes humanistes ont consciencieusement saboté l'apprentissage dans lequel ils ne voyaient que l'intolérable exploitation d'une main-d'œuvre bon marché. Résultat, la France du début du XXIe siècle est un désert artisanal. Tous les petits patrons vous le diront, trouver un ouvrier est un sacerdoce. Pas un apprenti maçon, couvreur ou plombier à l'horizon. Ils pourraient embaucher mais ne le font pas. Il n'y a pas de candidats et quand il y en a un, il est une fois sur deux si décevant que nombre d'artisans renoncent à s'agrandir et préfèrent travailler seuls durant toute leur carrière. Évidemment, cela ne fait pas le bonheur de l'accouru en peine de restauration et pourrait même, dans une certaine mesure, expliquer la lâcheté de l'architecte.

Le métier, pourtant, a payé et paye encore. Et même plus que jamais. De notre modeste expérience, nous dirions que le plombier est sans conteste le roi de la fête. Le premier que nous voyons arriver chez nous, pour une révision de notre installation plus que vétuste, est spectaculaire. Il gare sa très grosse berline allemande au milieu de la cour. La maison, tout d'un coup, paraît bien modeste et notre parc automobile à la limite de la casse. L'homme est tiré à quatre épingles. C'est un jeune retraité qui continue à travailler, comme ça, pour « rendre service ». Il nous a été recommandé par notre agent immobilier, l'excellent Gérard de Decker. La pénurie de main-d'œuvre fait son bonheur. Il sélectionne les accourus et ne prend comme clients que ceux qui lui semblent prometteurs. Malheureusement, c'est notre cas. Il assure connaître la maison. Y avoir déjà travaillé. Nous nous sommes toujours demandé si le robinet tout en haut du radiateur dans notre chambre, à deux mètres du sol, était son œuvre passée… Le bonhomme nous rendra néanmoins quelques services, le temps que nous trouvions un professionnel en activité, plus raisonnable et plus fiable.

Il s'appelle Robin. C'est un type qui aime son métier comme personne. Il est plombier, électricien, chauffagiste. Il pourrait passer le plus clair de son temps à vendre des baignoires ou des chaudières, la marge est importante, les « récompenses » des fournisseurs, des séjours au soleil pour les bons vendeurs, attractives. Au lieu de cela, il demande au client de se fournir lui-même. Lui, Robin, ce qui l'intéresse, c'est d'installer, de souder, de couder. Il n'hésite pas à nous emmener chez le ferrailleur choisir de vieux radiateurs en fonte qu'il va tester et remettre en état. Il travaille seul. Et c'est tout seul qu'il transporte les équipements les plus lourds. Un jour, devant l'ampleur de la tâche, il a accepté un coup de main d'un de nos fils pour descendre sur deux étages un ballon d'eau chaude de 200 litres. Chacun à tour de rôle a cru finir écrasé par l'engin. Robin rigole et enchaîne. Une fois sur deux, lorsqu'il vient chez nous, il est blessé. L'épaule, la main, le bras, tout y passe mais rien ne l'arrête. Alors il jure de faire un break, de partir en vacances. Il a des amis sur une île de la côte Atlantique prêts à l'accueillir. S'il s'accorde une semaine par an, c'est le bout du monde. Pour se détendre, le week-end, il travaille dans sa maison, une longère qu'il restaure dans les règles de l'art. Robin est toujours pressé mais ne refuse jamais de s'asseoir pour prendre un café. Il faut alors lui rappeler, solidarité oblige, qu'il a un autre client qui l'attend.

L'accouru a engendré autour de lui un écosystème d'une richesse inouïe pour ceux qui savent s'y adapter. Nous avons connu personnellement le charpentier-couvreur qui ne part en vacances qu'au bout du monde et nous regarde avec un peu de condescendance quand nous lui avouons passer l'été à la campagne. Le maçon qui, sans malice, ou bien conscient du rapport de force, vient présenter ses devis le samedi sur des grosses cylindrées comme on n'en voit qu'aux 24 Heures du Mans moto. Le plombier, l'électricien, le menuisier, tous ceux qui ont compris que le bonheur est dans la restauration et non dans le pavillon neuf, prospèrent à l'ombre des résidents secondaires. Pour peu qu'ils sachent flatter l'authenticité de la maison, exagérer, sans trop, la difficulté à la moderniser sans la dénaturer, et l'affaire est dans le sac. Rassuré d'être enfin compris, heureux de nouer une relation de confiance avec un « local », pas peu fier de se prévaloir auprès de ses semblables d'avoir trouvé de bons artisans, l'accouru est le pigeon idéal. Le pire, c'est qu'il le sait. Mais il se tranquillise. Il est le moins mal loti de la volière. Il faut le voir, de déjeuner en dîner, scruter les restaurations de ses « amis » et critiquer, oh, à peine !, la cheminée trop basse, l'enduit en surépaisseur, le solivage qui fait un peu neuf…

L'apprentissage est parfois rude. Mais au milieu de ce bizutage, il y a aussi des moments magiques. Notre rencontre avec Bertrand est de cette catégorie. Elle se situe en automne. Il est là, devant la maison, en tee-shirt, pieds nus dans des sandales de cuir. C'est un doux géant, presque aussi large que haut. Un regard paisible, une barbe de trois jours. Un pâtre grec bodybuildé. Bertrand est tailleur de pierre. Il a travaillé sur Notre-Dame, des années avant l'incendie, et il y retournera après. Nous discutons chevronnière, corniche, chanfrein… Très rapidement, le marché est conclu. Quelques semaines plus tard, il revient au volant d'une camionnette 2CV. L'arrière traîne pratiquement au sol. Il s'en extirpe et, avec lui, un gringalet, par contraste, c'est-à-dire un jeune homme normal qu'il nous présente comme son apprenti. Ils ouvrent les portes arrière du véhicule. Occupant tout l'espace, une énorme pierre taillée, une marche de notre escalier qui doit être remplacée. C'est elle qui martyrise les amortisseurs de la 2CV et la fait pencher. Bertrand l'attrape, la fait glisser. Le véhicule remonte un peu vers l'horizontale au fur et à mesure que le menhir sort. L'apprenti qui regarde, effaré, est sommé d'intervenir. La pierre est en équilibre instable. Il va falloir la porter en dehors du coffre jusqu'au chantier. Le gamin s'y attelle courageusement. Il fait deux pas puis ploie, plie, s'effondre avec la pierre, mais réussit à retirer ses mains à temps pendant que Bertrand, à l'autre bout, tient bon et contemple le désastre.

J'enfile des gants et j'accours. À nous deux, l'apprenti et moi, nous arrivons à peine à faire la moitié de la tâche. La pierre en place, nous sommes exténués. Bertrand, toujours pieds nus dans ses sandales et en tee-shirt, cale, scelle, patine. Inaccessible à la fatigue comme au froid. Parfois, pris d'un soudain moment de faiblesse, il avale un litre de lait de soja bio. Il lui arrive aussi d'emprunter en urgence une demi-baguette aux maçons, qui n'ont jamais vu un énergumène pareil, pour éviter l'hypoglycémie foudroyante. Bertrand est une force de la nature doublée d'un artiste. Il sculpte des chimères, des gargouilles. Les motifs médiévaux n'ont aucun secret pour lui. Sa maison est un hymne au minéral. Les éviers, les lavabos, tout est en pierre taillée, jusqu'aux boutons des robinets... Un jour, heureux d'avoir fini le chantier, il arrive à l'improviste. Il porte avec lui une sculpture. C'est l'alchimiste de Notre-Dame. Une chimère inventée par Viollet-le-Duc. C'est lui, Bertrand, qui a été chargé par Monum – comprendre : les Monuments nationaux – d'en faire la réplique pour qu'elle soit vendue dans les musées. Il ne s'en est jamais vanté. Il vient simplement nous l'offrir.

Il y a la maison, et il y a ce qui l'entoure. L'accouru soigne les abords. Une nouvelle profession est apparue dans le Perche : jardiniste ! C'était il y a quinze ans, avant même l'invention par les médias du terme « politiste ». Comme quoi, le monde rural sait parfois être en avance. Le jardiniste est au jardin ce que le conseiller en communication est à la relation humaine. Pas incompétent mais parfois inutile, toujours un peu déconnecté du réel. C'est une sorte d'architecte d'intérieur pour extérieur. D'emblée, si vous le suivez, vous intégrez les pages d'un magazine de déco. C'est *Côté Ouest* au détour de chaque allée. Heureusement, la plupart des clients ne retiennent que 10 ou 20 % de ses suggestions. Les jardinistes percherons ont transformé leur maison en show-room. C'est plus rare chez les plombiers mais ce même travers peut se retrouver chez certains maçons.

Leurs jardins sont beaux comme des vitrines de Noël. En guise d'automates ou de petits trains, des cochons nains exotiques, des fontaines et des serres anciennes à ne plus savoir qu'en faire. Le jardiniste se fournit en Belgique, c'est moins cher. Les pépiniéristes du coin rêvent de l'ensevelir sous leur tas de compost.

Une fois le jardin dessiné, le parc composé, il faut s'en occuper et même, si l'on a quelques hectares, entretenir le domaine. Aux marchands classiques de matériel de jardin et de motoculture s'ajoute un nouveau métier : la vente de « petit » matériel agricole, presque des modèles réduits, afin que le néorural propriétaire terrien puisse assouvir son syndrome de Marie-Antoinette. Mais comment faire pour que notre mini-ferme soit aussi charmante que le Petit Trianon ? Il faut acquérir un tracteur, un broyeur, voire une épareuse. Si on doit faire des clôtures, il faudra une tarière. Pour planter des arbres en quantité, une mini-pelle. La remorque comme la bennette ne se discutent même pas. Quelques types malins se sont mis sur ce marché du micro-tracteur et des outils qui vont avec. Ils importent du Japon un matériel à bout de souffle qu'ils révisent et revendent au prix fort avec une garantie maximale de trois mois. Nous sommes passés par presque toutes ces étapes et puis un jour, par hasard, à Paris, nous avons croisé notre revendeur confortablement installé dans le bar d'un grand hôtel. Il avait l'air tellement à l'aise, bien plus que nous. L'espace d'un instant nous nous sommes demandé, quelle vilaine pensée, si nous n'avions pas surpayé nos joujoux japonais…

L'habitant le plus exceptionnel de la niche écologique accourue n'est ni artisan ni commerçant. Il appartient à une espèce endémique. Vous ne le verrez pas en dehors des biotopes patrimoniaux. C'est l'historien de vos maisons. Le personnage est sympathique, passionnant et futé en diable. Fils d'agriculteur, il a fait des études d'histoire et partout ailleurs que dans le Perche se serait probablement destiné à l'enseignement. Là, avec un sens remarquable de l'adaptation, il a su créer un nouveau métier. Aux Parisiens avides d'authenticité, d'ancrage dans le passé, il propose de raconter l'histoire de leur maison. De remonter le fil de ses propriétaires, de ses transformations, de ses rencontres avec l'Histoire si par exemple une guerre ou une révolution sont venues bouleverser sa destinée.

Cela commence en général par une visite. Notre historien, appelons-le Paul, a un sens aigu de l'observation. Il en remontrerait à bien des architectes. Paul distingue très vite les traces d'ouvertures anciennes, la chronologie des bâtiments, les toits à porcs glissés entre deux dépendances au XIXe siècle, l'étage ajouté ou au contraire arasé, l'ancienne distribution des pièces, l'emplacement d'une cheminée disparue… Tout à coup, la longère s'anime. Elle porte une histoire. Mieux, une chronologie. Les pratiques agricoles évoluent et la ferme s'agrandit. On y ajoute des logements pour le personnel. Ici, c'était le pressoir à cidre. Là, l'écurie aux chevaux, obsolète lorsque les tracteurs du plan Marshall ont envahi les campagnes. Le lavoir, l'abreuvoir, comblés par le progrès. Pour peu que la longère soit un petit logis d'Ancien Régime, le voilà ballotté par la Révolution, vendu comme bien national. Dépecée en deux, trois lots qui sont autant de destins.

Le propriétaire, enchanté, séduit, voit déjà tout le bénéfice qu'il pourra tirer d'un pareil savoir. Combien d'anecdotes, de propos savants pour éblouir les amis, la famille. De là à commander « l'étude historique », le pas est vite franchi. Si la maison a un peu d'allure, si elle comporte quelques éléments architecturaux remarquables, Paul n'hésite pas. Il propose le « forfait manoir ». Plus cher qu'une étude simple, mais puisque c'est un « forfait », le propriétaire flatté se convainc aisément qu'il réalise une bonne affaire.

Au bout de quelques mois, Paul, débordé, remet un dossier relié par une baguette en plastique. À l'intérieur, de vieilles photos, la liste des propriétaires successifs, parfois depuis la fin du XVe siècle, et surtout les « visites ». Il s'agit des états des lieux dressés régulièrement par le propriétaire et ses fermiers. Aucun détail ne manque. Un carreau cassé, un plancher en mauvais état, une clenche de porte défectueuse. Tout est relevé avec précision. Une lecture en creux de ces visites permet de reconstituer la maison telle qu'elle était au fil des époques. C'est passionnant et parfois frustrant. Ce qu'on prenait dans la cave pour un départ de souterrain n'est que l'entrée d'un escalier éboulé qui remontait dans la maison au XVIIIe siècle…

Le business de Paul est rentable. Son modèle économique serait validé par bon nombre de ses clients cadres dirigeants. La plupart de ses documents proviennent des archives départementales. Du notariat, indexé en France depuis François Ier. Paul y est chez lui. Il le connaît par cœur. Les histoires des maisons se recoupent. Sous l'Ancien Régime, quelques grandes familles se partageaient le Perche. Elles ont conclu des alliances, des mariages.

Fermes, manoirs, moulins, tout était lié. Enquêter sur l'une de ces propriétés, c'est apprendre sur dix autres en même temps. Et revendre dix fois la même recherche à dix propriétaires différents… Qui songerait à le lui reprocher ? Cela s'appelle la synergie ! Il est certainement celui qui donne le plus de sens et de chair aux aventures rurales des accourus. Les petites sommités académiques locales ne le supportent pas. Tous ces historiens de salon qui ont fait carrière dans l'administration culturelle le regardent avec mépris et continuent de ratiociner entre eux tandis que les nouveaux propriétaires vous demandent avec insistance… le portable de Paul.

Fiche pratique n° 2

Les bons contacts

En ville, le gardien d'immeuble, la nounou, la femme de ménage, même parfois les beaux-parents sont des contacts indispensables. À la campagne, la hiérarchie est différente. En tête des numéros précieux, celui de l'homme à tout faire. C'est lui qui ira donner un tour de clef à la porte que vous avez oublié de fermer le dimanche soir en repartant. C'est le même qui vous ouvrira lorsque vous aurez laissé votre trousseau dans votre appartement. C'est lui qui met le chauffage en route, ferme et purge les robinets extérieurs lorsque le gel arrive. En cas de coup de vent violent, et il y en a de plus en plus, il s'assure que les tuiles sont toujours là, il tronçonne l'arbre tombé en travers du chemin d'accès. Il réceptionne les livraisons, surveille les travaux… Bref, sans lui, pas de paradis vert, sauf à y vivre à plein temps, et à savoir, justement, tout faire…

Juste en dessous, dans la liste de vos favoris, le plombier-chauffagiste. À la campagne, le chauffage n'est pas collectif. S'il est au gaz, c'est en citerne, idem évidemment pour le fuel. Il faut surveiller les chaudières, les entretenir, s'assurer que la pompe à chaleur est bien réglée. Une défaillance de chauffage en hiver et ce sont les tuyaux qui explosent, l'inondation qui survient. Il n'y a pas besoin de cela, du reste, pour rencontrer des problèmes d'eau. Dans les vieilles maisons, les canalisations sont souvent défectueuses.

Partageant cette deuxième place, ex-aequo avec le plombier, le couvreur. Vous le connaissez déjà car il n'existe pas de maison ancienne sans un peu de couverture à refaire, dès l'achat. Ce qui est peut-être moins évident quand on vient de la ville, c'est qu'une toiture, ça se révise très régulièrement. Il y a toujours quelques tuiles pour glisser, sans parler du changement climatique et des tempêtes de plus en plus nombreuses qu'il engendre dans toutes les régions.

Sur le podium, avec les autres, le spécialiste de la motoculture. Lorsqu'on débute dans la vie rurale, il est presque inévitable, par exemple, de brûler la courroie de sa tondeuse parce qu'on a voulu tondre une herbe trop haute ou trop humide. Autre grand classique, le petit tracteur, sans jauge de carburant, qui tombe en panne sèche. Ce n'est pas comme sur votre voiture. Il ne suffit pas de refaire le plein. La pompe à gasoil est alors désamorcée. Il faut dévisser les injecteurs, purger… Bref, il vaut mieux avoir le numéro du professionnel.

Enfin, pour rester dans les sports mécaniques, ajoutez-y un bon garagiste « toutes marques ». Car, le rêve bucolique ne se conçoit pas, hélas, sans voiture. Qu'il s'agisse de la vieille guimbarde qui reste là à demeure ou de celle qui vous amène de la ville. La panne, personne pour intervenir en urgence, et c'est la catastrophe… Mais muni de ces cinq numéros, tout devrait bien se passer…

14

La vie facile

La première semaine s'était déroulée magnifiquement. Nous commencions à nous convaincre de la justesse de notre choix et à nous dire que la période de test n'allait pas durer un an, mais un mois tout au plus, que nous allions nous décider plus vite que prévu à rester pour de bon. Et puis il y a eu la panne de courant. Pas vraiment une panne d'ailleurs qui aurait été liée à on ne sait quel problème technique et qui aurait affecté tout un village ou un canton. Non, plutôt une rupture d'approvisionnement qui avait la particularité de concerner peu de monde. Uniquement nous en fait. Avantage et inconvénient d'habiter au bout de tout, du chemin comme du réseau de téléphone, d'eau ou d'électricité…

Bref, notre cas était loin d'être prioritaire. Et le numéro à quatre chiffres des urgences EDF ne nous laissait guère espérer un dénouement proche. Cette situation, nous l'avions connue dans une grande ville, une capitale, à l'étranger. Il nous avait fallu patienter huit jours avant de retrouver l'électricité. Notre petite rue, pourtant en pleine agglomération, et son faible nombre de résidents avaient été reconnectés en dernier. À l'époque nous avions fait l'achat d'un groupe électrogène, résignés à nous en sortir par nous-mêmes à la prochaine tempête qui mettrait le réseau par terre.

Là, dans le Perche, mus par la conviction que loin des grandes villes tout est possible, nous faisons différemment. Quinze minutes de voiture et nous voilà devant les locaux d'EDF. Le public n'est pas vraiment censé y avoir accès mais, en même temps, rien n'en interdit l'entrée et la dame à l'accueil, si elle est surprise, n'en est pas moins courtoise. En quelques phrases nous lui exposons notre cas. Elle compatit à notre détresse bien réelle. Quatre enfants dont un bébé, nouveaux arrivés dans la région, sans téléphone, sans chauffage, sans cuisinière ni four et cela pour plusieurs jours…

« C'est M. Lelièvre qui s'occupe de votre secteur », nous confie-t-elle. Et on peut le voir ? « C'est difficile, il est en réunion. » Vous pouvez l'appeler peut-être ? On la sent hésiter, elle s'en sort par un « Je vais voir ce que je peux faire », classique mais pas très prometteur. Et de fait, elle ne fait rien et le silence s'installe. Cependant nous sommes dans la place et il va bien falloir trouver une solution. C'est Lelièvre qui la fournit, cinq minutes plus tard. Il pousse une porte et sort dans le couloir, à dix mètres de nous. « C'est lui », nous glisse la dame, complice et soulagée.

Désarçonné par notre présence dans ce lieu strictement professionnel, Lelièvre nous écoute néanmoins, plus embarrassé qu'hostile. On devine que la relation client n'est pas son fort. Il nous fait un peu la leçon sur le thème « Vous ne devriez pas être là », mais finit par convenir que les serveurs vocaux sont un enfer moderne. On sent qu'il y a du vécu dans cette convergence de points de vue. Bref, l'après-midi même, le camion bleu tant espéré est dans notre chemin et en moins d'une heure le technicien a tout remis en ordre.

Le premier sentiment qui peut frapper lorsqu'on vient de la ville et qu'on s'installe à la campagne, c'est l'isolement. On n'a plus ses repères, on ne connaît personne, la tentation est grande de penser que tout sera compliqué. C'est d'autant plus vrai si on ne vient qu'un week-end de temps à autre. Mais si, comme nous l'avons fait dans le Perche, vous vous installez pour de bon, alors au bout de quelques mois tout devient facile.

Tout d'abord, contrairement à une idée fortement ancrée chez les urbains, on trouve absolument tout à la campagne. Le dernier film chinois en VO ? Pas de problème. Par la magie de la culture subventionnée à la française le film est là. À quinze kilomètres. Au cinéma d'art et d'essai du coin. Pour avoir le label et les aides qui vont avec, les salles doivent tout proposer en version originale sous-titrée. À l'intérieur, les bons jours, nous sommes quinze. Mais qu'importe, la rentabilité n'est pas le premier critère. Nous avons le sentiment d'être ultra privilégiés. Mieux qu'invités aux avant-premières. La séance coûte moins de 10 euros. Il faut faire un quart d'heure de voiture mais on se gare devant le cinéma. Celui-ci est installé dans une ancienne halle. À la beauté de son architecture s'ajoutent des fauteuils première classe avec de la place pour les jambes comme on n'en trouve que dans les lounges des compagnies aériennes du Moyen-Orient.

Le cinéma, allez-vous me dire, c'est anecdotique. Pas tant que cela, mais surtout, tout est à l'avenant. Simple, à portée de main et, paradoxe absolu pour ceux qui croient que le monde rural est un désert, toujours incarné.

À la campagne, la poste, la sécurité sociale, la mairie, même les impôts ont un visage, un nom. Pas de serveur vocal. Pas de « Tapez 1 », « Tapez 2 » ou « Faites étoile pour réécouter ce message ». Vous prenez votre vélo ou votre voiture et vous allez sur place. Là, un être humain vous ouvre, vous reçoit, vous parle ! Ça ne veut pas dire que tout s'arrange. N'exagérons pas. L'administration reste l'administration, même au milieu des champs. Mais enfin, quelle différence ! Quel bonheur de pouvoir s'expliquer et se faire expliquer ! Si tout ne se règle pas par magie, il est rare que l'absurdité bureaucratique résiste à un dialogue courtois.

Comment dire en d'autres mots, sans paraître exagérer, qu'à la campagne un problème en est rarement un ? Si vous perdez vos clefs, pas de serrurier de nuit à 2 000 euros l'ouverture de porte et le remplacement de serrure. Vous avez forcément un trousseau caché quelque part pour le voisin ou l'homme à tout faire. Si un ballon d'eau chaude rend l'âme, si une canalisation explose, vous appelez sans crainte votre plombier. Il n'a aucun point commun avec les « SOS Plomberie » des grandes villes. Il est disponible, compétent, et ne cherche pas à s'enrichir sur votre malheur. Si un arbre tombe sur votre chemin, si votre voiture refuse de démarrer, si vous avez besoin d'un ophtalmologue, pas de panique ! Il y aura toujours quelqu'un pour vous tirer d'affaire. La campagne, et c'est contre-intuitif, est le paradis du réseau. Il s'épanouit à l'ombre des haies, prospère dans les bois et les prés. Le réseau aime le grand air. Ici, dans le Perche, vous n'allez jamais quelque part par hasard. Vous y allez parce qu'on vous l'a recommandé. Mieux, vous y allez de la part de quelqu'un. Et c'est vrai pour tout, du garagiste au chirurgien.

Au milieu des champs, peut-être parce que la vie y a longtemps été moins évidente, l'entraide et la solidarité ont un sens. Je te prête ma voiture et je sais que tu me dépanneras lorsque je n'aurai plus de wifi. Tu cours chez moi parce que mon alarme s'est déclenchée et j'arrive avec mon tracteur pour tirer ta voiture du fossé. C'est ainsi, sans formalités. Est-ce à dire que les gens seraient ici intrinsèquement meilleurs ? Certainement pas. Mais ils ont plus le temps, ils n'ont pas peur de l'autre, ils ont davantage le sens des réalités.

Mais assez de considérations générales. La vie quotidienne étant surtout faite d'événements banals, c'est là aussi que le monde rural fait la différence. Vous aimez le tennis ? Ici la cotisation est à 100 euros l'année et les courts de plein air comme couverts presque toujours disponibles. Si vous êtes plutôt piscine, ce sera aussi simple, même le golf est accessible au prix d'une salle de fitness parisienne. Inutile de préciser qu'on se gare partout gratuitement et qu'il n'y a pas d'embouteillages, sauf peut-être pendant les moissons… On trouve des coiffeurs à 10 euros, pour les hommes, à condition de faire son shampooing à la maison. La coupe ne doit pas être si mauvaise : « La moitié de ma clientèle est parisienne », m'avoue la patronne du salon « Créa-tif ». On y trouve aussi des boutiques pour s'habiller sans pour autant ressembler à Jacquou le Croquant, des restaurants, des librairies. Et si vous faites vos courses sur Internet et que vous n'êtes pas là au moment de la livraison, le facteur déposera les colis dans votre grange, ou même dans la cuisine si, comme beaucoup, vous ne fermez pas la porte à clef pendant la journée. Pour prix de ce service, rien ou presque, 10, 20 euros pour le calendrier des postes en fin d'année. *Idem* pour les pompiers volontaires. Des « étrennes » qui feraient s'étrangler de rage le moindre concierge parisien et vous vaudraient, à coup sûr, une année de mauvais traitements…

La mariée est trop belle ? Pas du tout. La forêt est au bout du chemin. Les enfants courent, jouent, partent à l'aventure. Les nôtres ont transformé un arbre creux en repaire secret. Devenus adultes, un regard complice les unit parfois à l'évocation des drames enfantins qui s'y sont joués et que nous ne connaîtrons jamais vraiment.

Ce petit « paradis » a aussi son envers. Nous faisons le taxi à longueur d'année, du conservatoire de musique aux rendez-vous sportifs, de la fête d'anniversaire au moindre goûter. Tous ces kilomètres s'accumulent au compteur de nos voitures, car il en faut deux ! Et si on trouve tout à la campagne, le choix est néanmoins plus limité. Mais est-ce si grave et surtout si vrai ? Comment expliquer alors que la plupart des migrants du week-end y fassent leurs courses ? Ils repartent le coffre plein de victuailles mais pas seulement. Bien sûr, pas de boutique Prada dans le Perche, pas encore. Pas de restaurant japonais, ou alors il est mauvais. Et alors ? Est-ce que cela manque vraiment à quelqu'un ? Et si oui, n'est-il pas urgent qu'il s'interroge sur le sens qu'il veut donner à sa vie, à défaut d'avoir compris que la consommation n'est bien souvent que le palliatif de l'ennui ?…

15

RSD

Florent Dunoyer. Impossible d'oublier son nom. Il a fallu lui laisser une dizaine de messages pour qu'il daigne retourner notre appel. Charmant, au téléphone. Aucun regret, aucune excuse pour son comportement cavalier. Mais comment lui en vouloir ? Florent le trentenaire se vit comme une rock star. Et les vedettes peuvent tout se permettre, n'est-ce pas ? Il se décrit comme aussi demandé et débordé que Madonna ou Roberto Alagna. Il ne chante pas, non. Il est architecte du patrimoine. Mais il nous fait comprendre qu'accéder au statut de nouveau client se mérite. Donc, comme tous ces fâcheux qui le harcèlent, nous voulons un rendez-vous. Pour un projet de restauration. Bon, puisque c'est notre ABF préféré – et le sien aussi semble-t-il – qui nous l'a recommandé, il ne peut pas se dérober.

Nous sommes alors des débutants de la restauration. Et Florent va contribuer à nous déniaiser.

Quelques jours plus tard, il est assis dans le canapé de notre salon très sommairement meublé, dans une inspiration plus proche du camping sauvage que du style haute époque. Il ne semble pas pressé de visiter, et préfère dégainer son ordinateur, modèle dernier cri. Il ouvre une feuille de calcul, d'ordinaire utilisée pour les plans… de financement. Devant notre air interrogatif, il s'adresse à nous comme à des faibles d'esprit : la première chose à faire, avant même de découvrir les lieux ou de dessiner une esquisse, c'est de calculer le montant de travaux que nous devons réaliser chaque année. Parce que l'objectif ultime, c'est bien de ne plus payer d'impôts !

Nous tentons de masquer notre effarement. Nous avons entendu parler, depuis notre arrivée dans le Perche, de deux ou trois propriétaires de manoir qui se vantent de ne plus verser un centime à l'État sur leur revenu. Mais ils ne jouent pas dans la même catégorie que nous, ni pour le train de vie ni pour le patrimoine.

Certes, note Florent Dunoyer avec une pointe de condescendance, notre modeste logis n'est ni classé ni inscrit à l'inventaire supplémentaire des monuments historiques. C'est embêtant. Car, souligne-t-il avec un sourire radieux, la déduction fiscale accordée au titre des monuments historiques est la seule qui ne soit pas plafonnée. Tout propriétaire peut soustraire de son revenu imposable 50 % des travaux qu'il effectue, et même 100 % s'il accepte d'ouvrir ses portes au public quarante jours par an aux beaux jours.

Nous manifestons notre perplexité : nos travaux sont destinés à transformer une maison de week-end et de vacances en résidence principale. Impossible donc d'étaler les travaux sur plusieurs années. Nous sommes au début des années 2000 et nous avons surtout besoin de loger une famille, pas de nous lancer dans l'optimisation fiscale ! Cette objection semble peiner notre interlocuteur. Mais son visage s'éclaire à l'évocation d'un de ses clients moins obtus que nous, à l'évidence. Beaucoup plus riche surtout, cet avocat d'affaires a acheté un des grands manoirs du Perche, qu'il entend mettre dix ans à restaurer avec munificence. Dix ans d'exemption fiscale, donc. Pendant ce temps, lui et sa petite famille se sont repliés dans une dépendance qu'ils ont fait aménager et qui deviendra une maison d'amis une fois les grands travaux achevés. Mais ce n'est, insiste Florent Dunoyer, qu'un cas parmi d'autres. Certes, poursuit-il, la mine contrite, certains propriétaires de monuments inscrits ou classés négligent de profiter de ce privilège magnifique. C'est tellement incompréhensible à ses yeux !

Tandis que sa mine s'assombrit à l'évocation de ce comportement, nous essayons de récapituler. Nous venons de découvrir une nouvelle spécialité professionnelle, architecte-fiscaliste, en même temps qu'un univers méconnu où l'amour des vieilles pierres se conjugue souvent avec l'évitement fiscal. Mais déjà, le regard de notre hôte s'illumine de nouveau. Heureusement, pour des gens comme nous, il y a la Fondation du patrimoine… Nous acquiesçons en prenant des airs d'initiés. Alexandre Girardin nous en a parlé.

L'ABF est en effet devenu un personnage majeur de notre vie quotidienne. « Omar Bongo pense à François Mitterrand vingt-quatre heures sur vingt-quatre, François Mitterrand pense à Omar Bongo un quart d'heure par semaine », avait déclaré l'ex-ministre socialiste de l'Intérieur Pierre Joxe devant une commission d'enquête parlementaire pour tenter de minimiser le rôle que jouait la « Françafrique » dans la politique étrangère de l'ancien président de la République. Nous et notre ABF, c'est un peu pareil. Nous devons être le cadet de ses soucis, mais pas un jour ou presque ne passe sans que nous parlions de lui.

S'il occupe ainsi nos pensées, c'est qu'il a accompli un exploit. Il a réussi à nous convaincre qu'aménager les combles de notre maison pour en faire des chambres d'enfant manquait d'ambition et surtout dénaturerait à tout jamais l'édifice. Plus question, ensuite, de faire renaître cette grande lucarne à meneaux dont les traces sont cependant criantes. Adieu l'idée de remonter les pignons tels qu'ils étaient jusqu'au XVIIIe siècle. Fini le rêve de refaire un toit doté d'une pente plus prononcée, au lieu de cette charpente à quatre pans reconstruite à l'économie après l'écroulement du haut des pignons… Nous avons tenté de le ramener à la raison – et nous avec. La couverture était presque neuve, dans un état impeccable, et il allait falloir la détruire ? Découvrir toute la maison ? Remonter des murs ? Nous n'avions ni le temps ni surtout l'argent pour nous lancer dans un chantier d'une telle ampleur…

En vérité, nous nous mentions à nous-mêmes. Nous n'étions pas encore conscients du virus que nous avait inoculé Alexandre Girardin, et de tous ses ravages. Notre mentor n'a pas eu tellement de mal à nous convaincre. D'autant plus qu'il s'est montré inhabituellement compréhensif. Il nous accorderait une autorisation de travaux si nous persistions dans l'ignorance, si nous voulions continuer à vivre dans cette « maison de garde-barrière ». Mais nous ? interrogeait-il. Supporterions-nous d'être ceux qui avaient tout gâché ?

Si Alexandre nous avait menacés de mettre son veto à nos projets d'aménagement, nous aurions sûrement résisté. Mais son numéro d'ABF à visage humain a eu raison de toutes nos réticences. Toutes sauf une : nous pouvions nous débrouiller pour nous loger ailleurs pendant quelques mois, le temps des travaux pharaoniques qu'il projetait, mais nous ne disposions tout simplement pas du budget nécessaire pour les financer. La réponse d'Alexandre fut extraordinaire de brièveté : « On vous aidera. »

C'est ainsi qu'il nous a parlé de la précieuse Fondation du patrimoine. Cet organisme de création récente (1996) décerne un « label fiscal » qui permet de déduire le montant des travaux de restauration de son revenu imposable pour une durée de cinq ans. Et, cela tombe bien, la Fondation se repose dans chaque département sur l'avis de l'ABF pour attribuer son précieux sauf-conduit. Nous avons chaudement remercié Alexandre Girardin, mais avons dû lui avouer la triste vérité. Ne pas payer d'impôts pendant un an – nous devions réaliser les travaux rapidement pour réintégrer notre foyer – ne représentait qu'une part infime du financement d'un tel chantier.

« Puisque je vous ai dit qu'on vous aiderait ! » D'accord, mais comment ? Nous avions entendu parler du FEOGA. Oui, le FEOGA[1], principal instrument financier de l'Union européenne pour orienter la politique agricole commune. Quel rapport avec notre projet, pas vraiment agricole ? Une partie de la dotation versée aux régions défavorisées doit être affectée à la valorisation du bâti rural. Donc ? Notre ABF se faisait fort de nous obtenir une subvention tirée de cette enveloppe.

C'est ainsi que nous est apparue pour la première fois la trilogie bienfaisante à laquelle aspire tout accouru devenu propriétaire d'une demeure qui présente un minimum de caractère : restauration, subvention, défiscalisation, que nous avons rapidement désignée entre nous sous un nom de code : « RSD ».

La RSD, allions-nous découvrir, est aussi un sport de combat. Elle exige tout d'abord des nerfs solides de la part de ses pratiquants. Car les fonds européens ont fini par alimenter notre restauration. Mais avec retard ! Un grain de sable bureaucratique s'était glissé

1. Le Fonds européen d'orientation et de garantie agricole n'existe plus en tant que tel depuis le 1er janvier 2007, date à laquelle il a été remplacé par le FEAGA (Fonds européen agricole de garantie) et le FEADER (Fonds européen agricole pour le développement rural).

dans notre dossier entre Bruxelles et Alençon. L'ABF s'était bien gardé de nous le dire. Quand nous l'avons découvert, le toit était déjà démoli, la maison recouverte de grandes bâches, les maçons en haut de leurs échafaudages. Sueurs froides.

Une fois réglé ce détail essentiel, nous sommes saisis par une légère culpabilité : est-ce bien raisonnable, bien civique, de recevoir ainsi de l'argent public pour restaurer une demeure privée, la nôtre en l'occurrence ? Mais très vite, ce sentiment se dissipe. Nous nous habituons à cette perfusion bienfaisante et nous comprenons mieux comment tous ceux qui y ont goûté ont tant de mal à s'en passer. Comment les déficits publics peuvent continuer de se creuser malgré la ruine annoncée, tant il y a de nécessiteux, et de rouages administratifs pour les alimenter afin de justifier leur propre existence. Des années plus tard, lors d'un dîner percheron, un ami propriétaire d'un manoir nous racontera comment il reçoit chaque année, vers le mois de novembre, un coup de téléphone des services techniques de l'ABF, pour lui demander s'il ne désire pas, par hasard, réaliser des travaux subventionnés. Certaines années, il s'agit presque d'une supplication. Il faut bien dépenser toute l'enveloppe de l'année en cours pour réclamer sa reconduction ! Ce vieux principe des ronds-de-cuir est toujours en vigueur à l'heure de la mondialisation… Plus sérieusement, l'efficacité de l'ABF nous aura conduits à investir absolument toutes nos économies dans cette restauration. Sans ces dispositifs d'aide, nous ne l'aurions pas fait. Combien d'entreprises locales ne doivent leur survie qu'à cette manne qui, elle au moins, est directement réinjectée dans l'économie des territoires ?

Nous découvrons aussi qu'une restauration est un plein temps. Entre le suivi du chantier, les discussions avec l'architecte[1] – un prestataire obligatoire dès que l'on touche la moindre subvention –, les négociations avec l'ABF, qui veut orienter les travaux à sa guise, et la comptabilité stricte qu'il faut tenir au cas où nous serions soumis à un contrôle, les tâches sont variées et très prenantes pour les débutants que nous sommes.

Au bout de huit mois de travaux, ce n'est toujours pas fini. Les amis parisiens qui nous hébergent avec une grande générosité – ils ne trouvent pas moins de six personnes dans leur longère quand ils viennent y passer le week-end – sont adorables, mais nous avons le sentiment d'abuser de leur gentillesse et de leur hospitalité. Nous comprenons aussi que revenir vivre dans notre maison est la seule façon de presser les artisans. Les enfants sont ravis de voir des maçons traverser le salon en poussant une brouette remplie de chaux. Nous sommes moins amusés qu'eux, mais néanmoins soulagés d'avoir bouclé les travaux sans finir en prison pour dettes, grâce à notre toute nouvelle maîtrise de la RSD.

Soucieux de respecter nos engagements, les enduits extérieurs ne sont pas encore secs que nous apposons à l'entrée une plaque à l'effigie de l'Union européenne,

1. Finalement nous ne choisirons pas Florent Dunoyer.

notre bienfaitrice. Cette obligation, bien modeste, est aussi une distinction pour les forcenés du patrimoine. Certains d'entre eux n'hésitent pas à afficher tous les signes de reconnaissance qu'ils ont obtenus au fil des ans : un médaillon décerné par l'association « Maisons paysannes de France », un autre obtenu auprès de sa concurrente, plus chic et plus aristo, « Vieilles Maisons françaises »...

Le corollaire de la subvention et de la défiscalisation, c'est bien naturellement le contrôle de l'emploi de l'argent ainsi soustrait aux caisses de l'Europe ou de l'État français. Celui du FEOGA survient deux ans après la fin des travaux. Deux inspecteurs annoncent leur venue et nous prient de bien vouloir ressortir à leur intention toutes les pièces justificatives : talons de chéquier, devis, factures acquittées... Nous nous préparons fébrilement à cette épreuve inédite. Les deux envoyés spéciaux de Bruxelles sont très courtois mais un peu mal à l'aise. Nous comprenons qu'ils sont plus habitués à se rendre dans les élevages de volailles et que cette utilisation des fonds communautaires les surprend quelque peu. Une fois passé leur étonnement, ils s'acquittent de leur mission avec beaucoup de sérieux. Le soir venu, nous sommes soulagés d'avoir passé l'examen avec succès et heureux de constater que les institutions européennes se montrent soucieuses de leurs deniers.

Notre enchantement face à un contrôle rondement mené stupéfie certains de nos amis. Les propriétaires d'un monument classé ou inscrit à l'inventaire supplémentaire, notamment, redoutent que le fisc s'intéresse de trop près à leur cas. Non pas qu'ils trichent, mais les déductions dont ils profitent le plus légalement du monde ont excité, il y a quelques années, la haine sociale d'un inspecteur des impôts mélenchoniste. Heureusement incompétent et brouillé avec les chiffres, ce qui est fâcheux dans son métier, ce partisan de la lutte des classes a aligné quelques contribuables sous les prétextes les plus divers, dans le but de leur faire rembourser les déductions fiscales et de leur infliger des pénalités. Il a échoué dans son entreprise. Mais les champions de la RSD, depuis, ont redoublé de vigilance…

16

Les forcenés

Sur l'autoroute A10, la dernière aire avant la sortie Nogent-le-Rotrou est baptisée « Aire des manoirs du Perche ». Comme sur les autres, on y trouve du carburant et de l'épicerie mais avouons que les Percherons, surtout les Percherons d'adoption, se sentent flattés que leur région soit désignée à tous de manière aussi noble...

Le Perche, une région de manoirs ? C'est vrai même si l'héritage du passé est modeste. On en dénombre aujourd'hui une centaine contre quatre cents environ au tournant du XVIe siècle. Quelques-uns sont encore habités par des fermiers, la plupart sont aux mains de résidents secondaires ou de néoruraux.

Ces curiosités sont un accident de l'Histoire. Au lendemain de la guerre de Cent Ans, qui a ravagé la province du Perche, la petite noblesse locale redresse ses logis. Elle les met au goût du jour et donc de la Renaissance. Larges fenêtres à meneaux, élégantes tours d'escalier en façade, cheminées monumentales... Le plus souvent, ces manoirs n'ont que deux niveaux et quatre pièces. Dans leur cour, un abreuvoir pour les animaux de l'exploitation. Nous sommes très loin d'un château ! Deux, trois générations de hobereaux s'y succèdent puis ils partent à la ville, ou à la Cour. Ils confient alors leur bien au fermier. Pas question pour celui-ci d'y faire des travaux. Il n'en a ni le droit ni surtout les moyens. C'est ainsi que ces manoirs traversent les époques pour arriver intacts ou presque sur le marché de l'immobilier de la fin du xxe siècle.

Beaucoup n'ont pas le chauffage, certains pas de salle de bains. Nous en avons connu un qui venait d'accéder au confort moderne avec la fosse septique… dans la cave.

Pour les amoureux du patrimoine, c'est un rêve. Le xve siècle à cent trente kilomètres de Paris. Un spectaculaire voyage dans le temps en moins de deux heures. Un rêve et un piège. Une addiction auprès de laquelle le sucre, l'alcool ou même les drogues dures ne font pas le poids.

Il y a plusieurs façons de restaurer son manoir. La plus vulgaire consiste à voir les choses de loin. À s'entourer d'un architecte qui choisira les artisans, et à faire des chèques. Dans le meilleur des cas, ces auxiliaires compétents compenseront le manque de passion du maître d'ouvrage par leur conscience professionnelle et leur amour du bâti. L'autre manière, la plus répandue, n'est pas sans conséquences graves. Elle consiste à plonger corps et âme dans une entreprise archéologique, historique et architecturale ruineuse qui tient plus de la passion amoureuse que de l'opération immobilière.

Disons-le tout net, beaucoup de manoirs ont rendu fous leurs propriétaires.

Les mains protégées dans des gants à l'épreuve des barbelés, arc-bouté avec deux camarades, nous laissons lentement glisser l'énorme corde au bout de laquelle se balance notre ami commun Joseph. Il nous fait un petit signe de la main, sourit, heureux, jovial dans son harnais pour laveur de carreaux d'immeubles de grande hauteur. Là, nous sommes tous au niveau du sol. L'idée est de permettre à Joseph de visiter un puits de sa propriété. Une première descente avec une chandelle a écarté le risque d'asphyxie au gaz méthane. Désormais, l'exploration peut commencer.

De mémoire d'homme, ce puits, récemment redécouvert, n'a pas servi depuis des décennies. Il est possible, pas certain mais possible, qu'il recèle des trésors. C'est bien connu, il y a toujours quelqu'un pour laisser tomber quelque chose dans un puits. Si cela s'est produit il y a quatre ou cinq siècles et que les maladroits ont perdu une pièce de monnaie ou un bijou, cela peut devenir intéressant. En tout cas, Joseph y croit. Il y a quelques mois, appliquant le même raisonnement, il a fait venir une pelleteuse pour fouiller à l'aplomb des anciennes latrines de son logis abbatial. Résultat, un vague éclat de poterie et quelques tessons de bouteilles qui sont partis rejoindre son musée personnel. Une vitrine dans le salon, déjà encombrée de vaisselle médiévale cassée, d'une ou deux pièces de monnaie aux armes du Perche et d'une vague boucle de ceinture rouillée impossible à dater. Son enthousiasme est cependant si communicatif que nous sommes là, par un dimanche maussade, une demi-douzaine d'amis bien résolus à explorer ce puits… Joseph est un phénomène, aussi sympathique que gravement atteint. Pour un peu, il vivrait en costume d'époque. Son logis abbatial du XVe, il y a englouti toute son énergie et tout son argent depuis trente ans. C'est pourtant un être rationnel : il est banquier dans le monde profane.

Joseph est un cas très avancé, pour ne pas dire extrême. Il force l'admiration. Sa femme s'est tout naturellement convertie à la religion du patrimoine. Elle n'avait certainement pas le choix. Les enfants, ces mécréants, font un peu de résistance mais aucun acte de sabotage. Disons, et comment le leur reprocher, qu'ils sont plutôt réfractaires aux heures supplémentaires. On les voit peu sur les chantiers d'exploration… Mais globalement, la famille, les amis, tous ceux qui gravitent autour de Joseph sont priés de croire, à défaut de toujours pratiquer.

Cette passion est aussi amusante et intéressante que parfois grotesque. Dans la cuisine de son logis, qu'il a fini par restaurer après des décennies de camping amélioré, notre ami a pris soin d'ajouter un balcon intérieur, une sorte de coursive en chêne. Ainsi perchés au-dessus des fourneaux, quelques intimes parmi les plus capés viennent jouer de la viole de gambe ou du flûtiau pendant que la maîtresse de maison prépare le dîner. À table, la conversation passera en revue, à n'en pas douter, la coutume du Perche en vigueur jusqu'au XVIe, la taille de pierre ou la dendrochronologie, cette méthode scientifique qui permet de dater les pièces de bois ancien à l'année près. Et, bien entendu, les projets de restauration de chacun. Si un malheureux a été invité bien que sa maison soit ridiculement récente, disons XVIIIe et après, il en sera quitte pour écouter poliment.

Joseph est un cas grave mais il n'est pas le seul. Loin de là. À l'autre bout du spectre, nos amis les Francœur ne désarment jamais. Ils ne sont ni parisiens ni dotés d'un revenu de cadres dirigeants. Ce sont des agriculteurs qui ont trimé toute leur vie. Des pionniers du bio qui pendant des années ont enduré le mépris et les vexations de l'industrie agroalimentaire. Leur lait biologique mélangé au lait ordinaire sous le regard goguenard des exploitants conventionnels. Ils ont résisté jusqu'à la victoire. Avec d'autres, ils sont à l'origine de la première filière de lait bio qu'on trouve aujourd'hui en grandes surfaces. À force de courage et d'intelligence, ils ont magnifiquement réussi. Ils valorisent, avec leurs enfants, près de 300 hectares en bio d'un seul tenant. Un bonheur de prés, de haies, de vaches sous les pommiers... Un soir, par les hasards de la vie, un dîner chez nous les a mis en présence du leader vert du moment. Ce gommeux hors-sol, en dépit de son affichage politique, n'a pas manifesté le moindre intérêt pour leur expérience et leur itinéraire...

Les Francœur ont fini par acquérir, il y a quelques années, un petit manoir et ses dépendances. Ils en ont fait le siège de leur exploitation. Le logis est en mauvais état mais les traces archéologiques laissent entrevoir un passé plus prestigieux et surtout des travaux de restauration à n'en plus finir. Là est la clef du bonheur : avoir devant soi des campagnes de travaux pour des décennies ! Le graal est qu'on ne puisse en dater le terme, ce qui est très souvent le cas. L'amoureux du patrimoine, le vrai, se distingue en effet par sa passion des chantiers. Rien ne le met plus en joie que de recevoir des devis, de discuter avec les artisans, de dénicher un vieux solivage ou un lot de carreaux de terre cuite en 10 × 10, gage de leur ancienneté… La poussière, les gravats, le tas de sable et la bétonnière dans la cour sont sources de joie. Là où la plupart des Français hésitent, délèguent, se réfugient à l'hôtel, le forcené des vieilles pierres exulte. Il campe au milieu du chantier, scrutant chaque jour avec gourmandise l'avancée d'un enduit ou d'un platelage de châtaigner.

Les Francœur sont de ceux-là. Avec cette touche d'originalité qui fait leur charme : ils font presque tout eux-mêmes. Pour des raisons économiques bien sûr, mais par passion aussi. Il faut les voir, perchés sur un toit par tous les temps, occupés à refaire un lattage ou à poser des tuiles de pays. Le gros œuvre ne leur fait pas peur non plus. Remonter les jambages d'une porte et même poser un escalier à vis en pierre. Leur énergie, leur savoir-faire forcent l'admiration. Ils sont à la fois épuisés et en pleine forme. Épuisants et passionnants. Un dîner chez eux peut commencer par la visite surprise d'une motte féodale nichée dans un bois voisin. Cette construction humaine défensive qui date du Moyen Âge, et qui ne serait pour le commun des mortels qu'un très gros monticule de terre, ils rêvent de l'acquérir, d'y entreprendre des fouilles. « C'est l'une des plus grandes de la région, nous assurent-ils, regardez, elle a un double fossé. » La nuit tombe sur la motte féodale comme sur le repas dont chacun comprend bien qu'il est tout à fait accessoire dans le programme de la soirée…

Cette secte étrange a bien sûr ses zélateurs. Ses premiers de la classe option restauration. Une sorte de *Top Chef* de chantier. Le titre est disputé et le niveau élevé. Ces dernières années, sans conteste, il a été remporté et conservé par un couple de Parisiennes aisées. Elles n'ont lésiné sur rien et même vendu une œuvre d'art, un tableau de maître, pour financer la dernière tranche de travaux. Chez elles, tout est parfait. Enduits, couverture, taille de pierre… Les meilleurs artisans se sont succédé sur leur manoir. Notamment le menuisier. À ses débuts, il ambitionnait de créer des meubles, puis il a découvert le filon de la restauration. Aujourd'hui, il ne fait pas une porte d'entrée à moins de 7 000 euros, souvent plus. Il est devenu le roi du pli de serviette, qui n'est pas une figure de repassage, mais un motif médiéval qui perdura sous la première Renaissance. Pas de plis de serviette sur les portes ou les volets intérieurs, pas de manoir digne de ce nom. Le résultat de cette restauration intégrale et intégriste est époustouflant. Le manoir est magnifique. Un bijou. Mais qu'on n'oserait pas porter. Une œuvre d'art, qu'on n'envisage qu'accrochée dans un musée…

Tout ce petit monde se reçoit, se compare, se jalouse ou s'apprécie. C'est selon. Il sait se regrouper aussi pour partager sa passion et défendre ses intérêts. Lutter contre des éoliennes, veiller aux critères de défiscalisation des travaux. Deux clubs se partagent le marché. L'un, très chic, ne s'intéresse qu'aux bâtiments inscrits ou classés. L'autre, plus « simple », accueille en son sein tout ce qui a un peu de caractère. Mais tous deux ont en commun de rassembler une population âgée et conservatrice. Conscients du problème, ils développent des sections « jeunes » qui regroupent des gamins de quarante ou cinquante ans. Le clou de la saison, c'est la visite annuelle. Chaque délégation régionale a la sienne. Cela ressemble à une sortie patronage pour troisième âge. Quelques dizaines de septuagénaires s'entassent dans un car qui les emmène, de château en manoir, écouter la geste du propriétaire. Les plus sympas offrent, dans l'Orne en tout cas, un verre de cidre et un boudoir. C'est touchant, cette obsession de se rapprocher en toute chose de l'âge des bâtiments qu'on visite.

L'amour du patrimoine, on l'a compris, est une quête jamais assouvie. Il y a certes les traces archéologiques sur le bâti et les archives. Deux sources indiscutables qui permettent de mieux comprendre le manoir qu'on restaure. Mais il y a aussi une part de mystère.

Lors des Journées du patrimoine, qui ont lieu chaque mois de septembre, il n'est pas rare de croiser dans la cour des manoirs ouverts à la visite un individu singulier. Alors que tout le monde déambule le nez en l'air, admirant les façades, les toitures, lui a définitivement le regard sur ses chaussures. Il marche à pas lents, semble fixer le sol à la manière d'un pénitent. À mesure qu'on se rapproche de lui, on découvre qu'il scrute en fait deux baguettes de cuivre tenues délicatement au bout de ses bras, devant lui, à l'horizontale. Parfois, les baguettes se mettent en mouvement, lentement, et finissent par se croiser. L'homme semble en retirer un réel plaisir. Et puis, quelques pas plus loin, elles se décroisent, sans que cela nuise à sa félicité.

Le « sourcier », baptisons-le ainsi, sympathique, explique volontiers ces mystères. Les baguettes réagissent aux changements de nature du sol. En clair, dès qu'il y a un trou, une tranchée, une ancienne fondation, les baguettes se croisent. Il en tire alors rapidement des conclusions définitives. « De cette fenêtre à ce pigeonnier, il y a un passage souterrain. Sous cette grange ouverte en préau, une salle… » C'est troublant et terriblement tentant. On a envie de le croire, de saisir une pioche, de creuser. D'autant que les baguettes de cuivre réagissent effectivement aux changements de nature du sol. Tous les plombiers ou les géomètres vous le diront. Aujourd'hui encore, en l'absence de relevé ou de plan, c'est le meilleur moyen de retrouver par exemple une ancienne canalisation. Le problème, c'est que les découvertes de notre « sourcier » n'ont pas encore été corroborées par les fouilles, il est vrai assez rares, entreprises par les propriétaires. Un ami, convaincu d'avoir un souterrain chez lui, a creusé jusqu'à quatre mètres sans rien mettre au jour. Le « sourcier » ne se démonte pas. « C'était encore plus profond », assure-t-il désolé, comme pour s'excuser d'avoir eu raison malgré tout.

Tous ces forcenés du patrimoine ont contribué à faire du Perche une région unique. Aucun d'eux ne se décourage jamais. Ils font des stages pour apprendre la taille de pierre, les enduits à la chaux. Ils fréquentent les archives départementales, pestent de ne pas lire l'ancien français. Ils sont admirables ou pathétiques, selon la sensibilité, ou l'absence de sensibilité, de chacun. Quiconque n'a pas contracté le virus les écoute avec politesse et les désespère sans le savoir en employant le terme de « rénovation » au lieu de « restauration ». Pour la quasi-totalité de leurs contemporains, ils demeurent incompréhensibles.

Même si on ne fait plus de vin dans le Perche, celui qui s'est approché le plus près d'une explication, c'est l'écrivain et éditeur Dominique de Roux : « Dès qu'on a mis la main sur une ferme fortifiée entourée de dix hectares de vignes, on recommence une dynastie capétienne. »

17

Le nouveau Luberon

Depuis la fenêtre de notre cuisine, nous regardons incrédules l'hélicoptère disparaître derrière le mouvement de terrain. Certes, notre champ n'est pas plat, mais pour se cacher ainsi derrière la bosse qu'il fait en son milieu, il faut probablement que l'engin se soit posé. Cet appareil s'est invité dans le paysage depuis une dizaine de minutes environ. Juste avant que nous ne rentrions préparer un déjeuner d'été, simple et rapide. Dix minutes donc qu'il tourne dans les parages et particulièrement au-dessus de nos têtes. C'est pénible sans être grave. Cela finit surtout par devenir intriguant. Je décide d'en avoir le cœur net.

Me voilà parti à travers champs et après cinq minutes de marche, je découvre le spectacle saisissant d'un petit hélicoptère posé au milieu du pré. Le moteur n'est pas coupé, les pales tournent encore. Une créature, incongrue en ces lieux, s'en extrait. Une jeune femme, trente-cinq ans peut-être. En short et sandales à talons. Elle se pique les pieds dans l'herbe fraîchement coupée et semble danser comme on le ferait sur des braises pour éviter la brûlure.

J'ai passé la matinée dans les champs justement, à refaire les clôtures. Mon allure, j'en conviens, n'est pas très avenante. Jean et tee-shirt d'un autre âge, griffures sur les avant-bras, barbe de trois jours… La créature se dandine dans ma direction, hésitante, tandis que son compagnon reste aux commandes de leur bolide.

Manifestement, elle ne sait comment engager la conversation. Il est probable qu'un « mon brave », ou quelque chose du genre, lui traverse l'esprit, mais un réflexe de prudence la retient. Après deux ou trois phrases confuses, elle pose enfin LA question : « Vous êtes peut-être le propriétaire ? » En effet, oui. Je ne suis donc pas un ouvrier agricole mais bien le membre d'une catégorie qui lui est d'évidence plus familière. Soulagée, elle se lance. « Nous allons déjeuner chez Septime, vous connaissez peut-être. Ils nous ont dit qu'on pouvait se poser en hélico chez eux mais ça nous semble compliqué. On ne voit pas vraiment où. Alors on s'est dit qu'on pourrait peut-être se poser ici, à côté. Ça ne vous dérange pas… ? »

J'ai lu de nombreux reportages sur les ballets aériens qui troublent le calme dans la baie de Saint-Tropez. Jamais je n'aurais pensé que pareille mésaventure puisse se produire ici, en pleine campagne, au milieu des champs et des haies. Ma première réaction, néanmoins, serait de leur rendre service, mais à la réflexion, oui, ça me dérange un peu. À l'idée que cette plaisanterie légèrement obscène – venir de Paris en hélicoptère pour déjeuner à la campagne ! – puisse être encouragée, je suis tout à coup moins conciliant. Et puis, quoi qu'il en soit, serait-ce vraiment leur rendre service que de les laisser stationner là ?…

« Septime, je connais bien pour y avoir dîné quelques fois, dis-je avec un peu de perversité à la naufragée dont tous les codes se brouillent à l'écoute de cette affirmation. C'est juste de l'autre côté de la haie là-bas, à trois cents mètres. Mais habillée comme vous l'êtes, si vous tentez de la traverser, vous allez arriver en sang, à cause des ronces. » Cette dernière phrase, prononcée avec conviction, et au demeurant parfaitement exacte, achève de la convaincre. Elle tangue d'un pied sur l'autre jusqu'à son hélicoptère et repart sans demander son reste.

Depuis, le restaurant a, paraît-il, amélioré son infrastructure mais heureusement les clients en hélicoptère se comptent sur les doigts d'une main !

Le Perche n'est pas encore le Luberon ni la Côte d'Azur mais, par certains côtés, il s'en rapproche. Une promenade à Bellême suffit pour s'en convaincre.

Bellême est un gros bourg de campagne, à peine plus de 1 500 habitants. À l'époque médiévale, il a joué un rôle. C'était le fief des Talvas, une des familles qui ont régné sur la province. Cette histoire se lit aujourd'hui dans son étrange topographie, coupée en deux. Une ville basse, classique, traversée par la route, et une ville haute, fortifiée, la « ville close » comme elle se nomme, où se joue l'essentiel de la transformation.

Dans ses rues étroites, ce n'est que brocantes, magasins d'antiquités, galeries d'art, boutiques de création en tout genre, parfois difficilement classables. Bellême, donc, a son échoppe de luminaires ultra tendance, son ferronnier créateur, son bar à chocolat, ses cavistes, sa librairie, son chapelier, sa savonnerie artisanale… Après chaque Salon des antiquaires, il faut se battre pour trouver une place dans le bar à vins le plus couru de tout le département. Cuvées bio, charcuteries de cochon noir, couscous végétariens… Qui dit mieux ? C'est là aussi que les habitués du golf – car il y a un golf à Bellême – se retrouvent après la compétition qui porte le nom de l'établissement. Sur la place, les Range Rover sont un peu à l'étroit, quelques vieilles voitures de collection tempèrent la vulgarité consumériste des propriétaires de Porsche Cayenne…

Bellême est presque une caricature. Le parfait exemple, certes charmant, de ce que la région ne doit pas devenir. Les accourus de longue date s'y sentent du reste perdus. Même s'ils habitent à cinq kilomètres depuis vingt ans, ils visitent la ville comme on le ferait d'une destination lointaine, et s'étonnent que leur région d'adoption ait pu engendrer une telle starlette.

C'est que le Perche, longtemps caché, secret, s'est mis à arpenter les podiums. À la fin des années 1990, début des années 2000, les premiers *beautiful people* se sont installés, puis quelques reportages télé ont fait le reste. Parmi les premiers arrivés, Chantal Thomass. La créatrice de dessous chic et sexy élit domicile à La Perrière, en lisière de la forêt de Bellême justement.

Là, elle retrouve l'écrivain Julien Cendres. Fin lettré et homme de réseau, Julien a créé avec des amis un magasin d'antiquités-salon de thé rapidement transformé en restaurant où nous aimons tous nous retrouver quand les confinements successifs ne nous l'interdisent pas. Le bouche à oreille et les qualités intrinsèques de la région ont convaincu : en saison, on se bouscule.

Pendant quelques années, habiter dans le Perche avait le parfum délicieux du délit d'initié. Puis de moins en moins. Le nombre de gens à qui il faut expliquer que cette ancienne province se situe à une heure trente de Paris en filant vers l'ouest diminue. Ils sont venus en week-end, ils y ont des amis, pire, ils savent que quelqu'un de connu y a ses habitudes... On croise désormais régulièrement un Percheron ou un accouru qui vous confie avec gourmandise que telle star du monde de la culture vient d'acheter une maison, que la chanteuse Camille par exemple a jeté son dévolu sur une longère, que tel monsieur de la télé restaure avec beaucoup de moyens une belle propriété, qu'ici habite la productrice de la série *Engrenages*, qu'entre ce critique de cinéma bien connu d'un grand hebdomadaire et ce réalisateur de films, comme c'est drôle, il n'y a pas cinq kilomètres... Et puis il y a le plus célèbre de tous, Stéphane Bern. C'est le dernier accouru à la mode. Il s'est entiché d'un collège royal et militaire à Thiron-Gardais, juste à côté de l'abbaye, qu'il restaure magnifiquement et à grands frais. Il y a même ouvert un petit musée.

Avec la célébrité et le succès sont arrivés les parasites. C'est d'ailleurs la meilleure preuve que le Perche est à la mode. Un ami, propriétaire d'un joli manoir, nous racontait en pleurant de rire comment il avait fait déguerpir quelques-uns d'entre eux. Par un beau jour de l'été 2020, entre deux confinements, un petit groupe s'attarde dans son jardin ouvert à la visite, comme l'y contraint la règle d'airain de la RSD[1]. Ils traînent, prennent moult photos, grimpent sur les murets comme des enfants mal élevés. Notre ami finit par s'en émouvoir. Alors, avec la force de l'évidence, le leader du groupe lui explique qu'il devrait se sentir très honoré car le photographe est un professionnel et les clichés ont de bonnes chances de se retrouver dans le magazine *Point de vue*. Devant la sidération du propriétaire des lieux, il assène le coup fatal, celui qui doit décrocher la mâchoire et emporter l'assentiment : « Et savez-vous avec qui nous sommes ? Avec Hélène de Yougoslavie », et d'accompagner le tout d'un ample geste vers une dame blonde, discrète et même un peu gênée. Cette joyeuse bande promenait ainsi de châteaux en manoirs une tête à peine couronnée dans l'espoir de vendre du papier. Un rappel courtois mais ferme aux règles élémentaires du droit à l'image, des bonnes pratiques de presse et tout simplement du savoir-vivre a fait déguerpir en vitesse Hélène et les garçons…

1. Pour mémoire : restauration, subvention, défiscalisation !

18

La folie potagère

« Les toilettes sèches, je pouvais accepter, mais le fait qu'il pleuve dans la roulotte, ça, franchement, ça m'a gonflée. » L'amie qui nous décrit ses conditions de vie pendant son stage de permaculture est décomplexée et hilarante. Avec beaucoup de distance, elle nous explique comment elle a vécu un petit enfer bobo à cent kilomètres de sa maison de campagne pendant une semaine d'initiation aux joies du maraîchage. Dortoirs communs, douches à peine tièdes dans un cabanon en bois, nourriture insipide sous prétexte d'être locale et bio…

Elle n'avait pu rejoindre Le Bec-Hellouin, la Mecque de la permaculture, complet six mois à l'avance, et s'était rabattue sur un centre moins prestigieux mais néanmoins réputé. Quelle déception ! Certes, elle y a appris deux ou trois choses, mais à quel prix, au propre comme au figuré ! Plus de 1 000 euros pour un hébergement indécent et le sentiment désagréable d'être confondue parfois avec une main-d'œuvre servile et bon marché. Sans parler du fond. S'entendre expliquer qu'il vaut mieux prévoir sa réserve d'eau au-dessus du potager qu'en dessous ou bien que ce même potager ne doit pas être trop loin de la maison, la belle affaire. Qui ne s'en serait douté…

Voilà le nouveau catéchisme de l'accouru dont le jardin, et surtout le potager, est la passion obligée. Désormais, pas de maison de campagne sans son carré de légumes. Longtemps, le potager a été l'apanage des grands-pères. Une activité délicieusement datée, un peu ringarde, considérée toutefois avec la tendresse nostalgique qu'inspirent les mondes en voie de disparition. Et puis la permaculture est arrivée, et tout a changé. Le jardin est devenu tendance.

La permaculture, c'est un mélange de bon sens, de techniques ancestrales et de quelques innovations agronomiques efficaces. Disons que les proportions sont d'environ 50/30/20. Mais pour les néophytes, c'est la révolution au jardin. Ils ont la conviction qu'elle a tout inventé. Qu'avant elle on plantait les légumes à l'envers… Plus ils sont urbains et plus ils sont observants. Le sommet est atteint lorsqu'ils décident de s'affranchir de la terre fertile d'un potager ancestral pour constituer un sol selon les principes de la nouvelle croyance. On les voit alors mettre de côté une terre exceptionnelle que des générations de jardiniers ont travaillée avant eux pour construire une sorte de lasagne de rondins, de cartons, de feuilles et d'herbe tondue. Le résultat ne sera pas mauvais, mais à peine aussi bon que ce qu'il remplace…

Voilà donc nos accourus engagés dans une étrange compétition. C'est à qui sera le meilleur permaculteur. La religion a ses lieux saints, Le Bec-Hellouin en est un. Elle a aussi ses prophètes. À sa manière, un peu trop politisée pour beaucoup, l'agriculteur et essayiste écologiste Pierre Rabhi a montré la voie. Disons que c'est Moïse. Mais Jésus, lui, est québécois. Il se nomme Jean-Martin Fortier. Dans son best-seller, *Le Jardinier-Maraîcher*[1] paru il y a quelques années, il raconte son aventure. Comment sur un hectare, sous le climat difficile de sa froide province, il a optimisé la culture de légumes et de petits fruits et su créer une entreprise performante. La religion enfin a son emblème, sa croix. J'ai nommé la grelinette. Sorte de fourche à bêcher qui permet de travailler la terre, de l'aérer, sans la retourner et donc sans enfouir les micro-organismes de surface qui font sa richesse. Et cela, c'est par ailleurs un des vrais apports de la permaculture.

L'accouru permaculteur, on pourrait dire « le permaculteur » tout court puisque aucun local ou presque ne s'en revendique, maîtrise tout un vocabulaire nouveau. En plus de la grelinette, il vous parle de « buttes » de culture, de « paillage » de sol, d'« associations » de plantes, de semences « non hybridées », de « oyas » pour remplacer l'arrosage. Il fabrique son compost et laisse bien sûr les mauvaises herbes, qui pour lui n'en sont pas, courir entre les plants. Tout le monde a le droit

1. Éd. Écosociété, 2016.

de vivre. Les salades, les chardons et les limaces… Il n'est pas peu fier de ses premières récoltes. Elles sont symboliques, quelques fraises, trois salades, une botte de carottes, mais, chez les plus déterminés, on en est aujourd'hui à envisager l'autarcie…

Cet amour du jardin vivrier contraste terriblement avec une coutume locale bien ancrée. Rien de plus éloigné de la permaculture que le concours de villages fleuris. C'est une débauche de tulipes, de rosiers, de géraniums, de plates-bandes rectilignes, de massifs tirés au cordeau, d'alignements polychromes desquels aucun brin d'herbe ne saurait dépasser. L'accouru ne participe pas à ce genre de compétition. Mélange de mépris social, peut-être, et surtout de nouvelle croyance dans les vertus du désordre au jardin, gage de pureté écolo. Il n'est pas là pour faire joli ! Et pourtant, que de savoir-faire et de travail pour mener à bien un jardin de campagne traditionnel, avec son potager qui n'est pas juché sur des buttes et ses parterres de fleurs impeccablement ordonnés. Quel que soit le jugement esthétique que l'on porte dessus.

L'accouru jardinier a ses grands-messes : les fêtes des plantes. Dans notre région, l'une d'elles est organisée par une association qui répond au nom latin, et un rien précieux, de « Hortus Pertica », jardin du Perche. Cette petite structure accomplit un travail remarquable. Une fois par an elle réussit à faire venir de loin, et parfois de l'étranger, parmi les meilleurs des producteurs de plants en tout genre. Certains abusent un peu. Ainsi, lors de la première édition, il nous fut proposé un oignon « perpétuel ». Plusieurs plants d'oignon dans le même pot et, ô miracle, si on n'arrache pas tout d'un coup, on a éventuellement des oignons pendant toute la saison… Le tout à un prix délirant, comme il se doit. D'une manière générale, ce qui y est exposé est de qualité. Les plants se vendent par milliers. Une fête de la consommation, mais qui donne bonne conscience. Tout n'est pas bio évidemment, encore moins local, mais le fait de jardiner soi-même semble parer l'acte d'achat de toutes les vertus. On est assez loin, lors de ces événements, de la sobriété heureuse et même du jardinage véritable, qui implique tout de même, pour une grande part, de produire ses semences et ses plants, mais ne soyons pas intégristes. Ces fêtes ont un mérite supplémentaire, pas si fréquent, celui de rassembler accourus et locaux.

Dans les jardins les plus sophistiqués règne la recherche de l'authentique tel qu'imaginé par ceux qui découvrent le potager. Pas question que leur création ressemble à un lopin ouvrier, un alignement tout simple de rangs de culture repérés, le temps que les graines lèvent, par un petit bout de bois planté à leur extrémité. Non, dans tout jardin d'accouru qui se respecte, on utilise une petite marque en ardoise.

Dessus on inscrit en gros, d'une élégante écriture à la craie grasse qui résiste à la pluie, de quoi il s'agit, par exemple de carottes. Et surtout on laisse ce petit panneau si chic jusqu'à la récolte, c'est-à-dire bien après que les carottes ont poussé et que chacun voit bien qu'il ne s'agit pas de petits pois. Impossible du reste de les confondre puisque les petits pois aussi ont leur panneau. Ces gadgets aussi charmants qu'inutiles font les beaux jours des jardineries. Commerces parmi les plus rentables de France et qui n'ont eu qu'à se féliciter des confinements.

La recherche du vrai mène parfois très loin dans le temps. Un jardin d'accouru digne de ce nom se doit de posséder son carré des simples. C'est-à-dire un carré de plantes médicinales comme on en cultivait au Moyen Âge. À l'époque, il s'agissait de produire réellement de quoi se soigner. Aujourd'hui, heureusement, le but est avant tout esthétique. D'une manière générale, l'époque médiévale inspire. Cultures en carrés, clôtures en plessis. Mélange de fleurs, de légumes, d'arbres fruitiers dans un même espace comme sur les enluminures des *Très Riches Heures du duc de Berry*. Le jardin comme métaphore de l'harmonie retrouvée avec la nature, d'apaisement, d'indépendance autarcique. Tous ces fantasmes qui rassurent en période de crise…

Fiche pratique n° 3

Faire aimer la campagne à ses enfants

Votre choix n'est pas forcément le leur. Et ils n'attendent pas toujours l'adolescence pour le manifester. L'un de nos fils, alors âgé de cinq ans, nous en a administré la preuve peu après notre installation « à l'essai » dans le Perche. Nos visiteurs lui lançaient invariablement une phrase du genre : « Tu en as de la chance de vivre à la campagne toute l'année. C'est super, non ? » Sa réponse était tout aussi invariable et décourageait net l'adulte auquel elle était destinée : « Du moment qu'on ne me demande pas de sortir… » Mais pas d'abattement. Il existe quelques astuces pour faire aimer la verdure à ses enfants, même les plus récalcitrants :

– Leur proposer un ou des loisirs qu'ils peuvent pratiquer sur place. Le plus évident, dans le Perche, pays du cheval, c'est l'équitation. Les clubs et les écuries foisonnent. Les tarifs sont modiques. Et la discipline est addictive. Si les enfants, petits, aiment le poney, ils ont de bonnes chances de vouloir continuer au moins jusqu'en terminale. Certains feraient presque regretter à leurs parents de les avoir poussés

à monter lorsqu'ils étaient petits. En grandissant, ils veulent participer à des concours, de plus en plus loin, qui nécessitent de se lever de plus en plus tôt… Et éventuellement acquérir leur propre monture. Enchaînés à leur animal préféré, ils exigent de passer tout l'été sur place et c'est tant mieux, car le budget vacances est de toute façon déjà passé dans l'entretien du cheval. Le tennis ou le football présentent moins de risques pécuniaires, et il est très facile de trouver des structures… Les chasseurs essaient, pour leur part, de transmettre leur passion à leur progéniture, souvent avec succès. Mais tout le monde n'a pas la vocation…

– Ne jamais rechigner à les conduire à l'accrobranche, à l'équitation, à la piscine ou à un anniversaire, même si cela vous donne l'impression de vous transformer en chauffeur Uber. C'est en socialisant, sur place, que les enfants nouent des relations et se forgent des souvenirs.

– Attirer leurs copains citadins. Pour ce faire, le principal atout, c'est la place dont vous disposez. Contrairement à votre appartement parisien, votre maison aux champs est assez grande pour y caser un dortoir, voire un salon-salle de jeux réservé aux enfants. Ce luxe rare à Paris est un argument décisif pour séduire leurs amis. Pas besoin d'installer un home-cinéma. Une pièce télé-jeux-détente suffit amplement. L'ajout d'un trampoline dans le jardin, d'un baby-foot et d'une table de ping-pong ne peut pas nuire.

– Leur proposer un mode de vie fondé sur la liberté. Dans un certain périmètre, qui ne comporte pas de dangers, ils doivent être autorisés à se déplacer sans entraves. Nul besoin de posséder des hectares de forêt. La cabane la

plus rudimentaire devient un petit coin de paradis. Pour conjuguer sécurité et liberté, il est en revanche nécessaire d'étudier la topographie de la propriété que vous vous apprêtez à acquérir. Avec une obsession : est-elle bien protégée de la route ?

– La solution radicale consiste à les scolariser sur place. Et à pouvoir ainsi les inscrire au conservatoire pour les leçons de solfège et de musique, ainsi qu'aux entraînements sportifs fixés en semaine. C'est l'assurance qu'ils nouent des amitiés locales durables. Rien ne remplace les camarades de classe : même rythme, mêmes références, même univers. Ces liens résistent aux expatriations, aux déménagements. Après avoir étudié aux États-Unis et au Canada, puis passé un an en Australie, l'un de nos enfants revient régulièrement dans le Perche pour nous voir, bien sûr, mais aussi – surtout ? – pour retrouver ses vieux copains de collège. Certains vivent à plusieurs centaines de kilomètres, à Paris, à Lyon, à Brest, mais la distance ne les arrête pas quand il s'agit de partager des moments ensemble.

Ce qu'ils découvriront bien assez tôt, une fois conquis, c'est combien ils sont en liberté surveillée. Sauf usage de deux-roues motorisés, que nous déconseillons formellement – beaucoup d'accidents graves ou mortels –, impossible pour eux de faire trois pas sans devoir être convoyés en voiture. Un peu harassant pour les parents, mais tellement rassurant !

19

Longère avec vue

Depuis plusieurs jours, il surveillait l'horizon. Mais cette fois, le doute n'est plus permis. Les yeux rivés à ses jumelles, Bernard est statufié au milieu de sa cour. Des années de travail, de taille de haies minutieuse, d'observation du paysage pour bénéficier de la vue la plus pure qui soit sur les collines percheronnes. Du haut de sa ferme fortifiée, ce photographe professionnel, qui restaure chaque bâtiment avec un souci du détail presque maladif, sait bien qu'il est à la merci d'un indélicat. Cette magnifique carte postale vivante qu'il contemple matin, midi et soir peut à tout moment être défigurée par un importun. Et là, c'est le drame en plein printemps. À deux kilomètres, exactement dans son champ de vision, un agriculteur est en train de construire un petit mur pour délimiter l'enclos où il entrepose son fumier. Un mur ! D'à peu près un mètre de haut et d'au moins dix de long. Planté au milieu de la verdure, l'édifice casse tout l'éventail de couleurs. En été, c'est déjà moche, mais en hiver, quand les arbres auront perdu leurs feuilles, Bernard ne verra plus que cela. D'ailleurs, il ne voit déjà plus que cela.

Il se réfugie dans sa maison, un temple du bon goût, de la sophistication et de la déco réunis. Sa femme le retrouve assis sur une chaise, prostré, la tête entre les mains. Elle s'inquiète. Elle connaît son mari, prêt à déménager à la moindre nuisance avant d'entendre raison. Mais cette fois, c'est autre chose. Il semble terrassé. Bernard sort de sa torpeur, l'emmène dans la cour, la prend à témoin. Elle sait que le pire serait de minimiser. Alors elle compatit. Et le laisse à ses obsessions. Pour Bernard, le reste de la journée est consacré à explorer des solutions. Le soir venu, il touche à peine au dîner. La nuit, il ne trouve pas le sommeil. Mais au petit jour, eurêka ! Certes, ce n'est pas l'idéal, mais ce sera supportable. Son œil exercé de photographe ne le trompe jamais.

Pendant que chauffe l'eau de son café, il étudie une carte IGN, une bleue, au 1/25 000, la plus détaillée, qui mentionne propriétés et courbes de niveau, pour repérer où se trouve exactement ce maudit muret et à qui il peut bien appartenir. Puis il chausse ses bottes et saute dans sa voiture. Pas la confortable berline de marque allemande qu'il utilise pour faire ses trajets entre Paris et la campagne, mais une Citroën Saxo hors d'âge, qui permet de se mettre à la portée de son interlocuteur local, de lui montrer, même, qu'ils ne sont pas si différents au fond ! Bernard sillonne les petites routes, la carte IGN posée sur le siège passager. Il se perd, rebrousse chemin, tâtonne. Après trois échecs, la quatrième cour de ferme est la bonne. Une quinquagénaire affairée, bottes de caoutchouc aux pieds, lui confirme que son mari vient de construire un mur pour sa fumière, un peu plus loin par là, derrière le hangar où ils mettent les vaches en stabulation l'hiver. Ainsi, ce sera plus propre et plus pratique.

Plus propre et plus pratique ! Bernard garde son calme et son sourire mais n'en pense pas moins. Comme s'il n'y avait rien d'autre dans la vie ! La beauté, l'harmonie chromatique, le respect des paysages, par exemple ! Mais il n'est pas venu pour s'atteler à l'édification des masses. Il veut voir ce satané mur. Et son propriétaire. Qui va bientôt revenir ? Parfait ! Bernard va l'attendre ici. Non, il ne veut pas de café, merci, c'est très gentil. Il va en profiter pour aller voir le mur de près.

À pied à travers champs, il arrive jusqu'à l'objet de ses cauchemars. Il l'examine, et se convainc que son idée est la bonne. En tout cas la moins mauvaise. Un bruit de tracteur l'alerte. Ce doit être son tortionnaire. Il revient vers la cour à pas aussi rapides qu'il peut pour ne pas déraper et risquer de s'étaler dans la gadoue. L'agriculteur, un grand gaillard en surpoids, saucissonné dans une cote de travail dont il est difficile de deviner la couleur d'origine, écarquille les yeux à mesure que Bernard lui débite son petit discours. Bien sûr, il est maître chez lui, et il fait bien ce qu'il veut, mais son mur détruit la vue, de l'autre côté du vallon. La vue ? À plus de deux kilomètres ? Bernard envisage de lui proposer de l'accompagner jusque chez lui pour qu'il se rende compte du désastre puis il y renonce dans un éclair de lucidité. Il va donc à l'essentiel : est-ce que ce serait possible de peindre le mur en vert ? Oui, en vert, pour qu'il se confonde avec les prés alentour ! L'agriculteur retire sa casquette pour se gratter le haut du crâne avec perplexité. Est-ce que ce dingo se paie sa tête ou est-ce qu'il est sérieux ? Peindre son mur en vert ? Et pourquoi pas mettre des boules de Noël dans ses pommiers ? Des guirlandes électriques dans ses champs de maïs ?

Bernard réalise qu'il est incompris. Qu'il risque d'être éconduit, peut-être même chassé à coups de fourche, s'il ne rompt pas le silence, de plus en plus embarrassant. Il sort son joker : « Bien entendu, je prendrai les frais à ma charge. D'ailleurs, je peux venir le faire moi-même… » Son interlocuteur semble cette fois découragé. Ce timbré veut venir peindre son mur ? Alors qu'il habite de l'autre côté de la vallée ? Il n'a rien de mieux à faire pour occuper ses week-ends ? La promenade, la pêche, la menuiserie, la chasse aux papillons… Il n'a pas compris, le Parisien, qu'il s'agit juste d'entreposer de la bouse de vache mélangée à de la paille ? « Si ça vous amuse », finit-il par répondre sans réussir à dissimuler son mépris. Bernard s'en fiche. Il a gagné.

La vue ! Voilà un sujet d'incompréhension entre « Percherons de souche » et accourus. Les premiers vivent et travaillent au pays, qu'ils soient agriculteurs, ouvriers, artisans ou fonctionnaires. Ils y ont toujours habité. Certains sont sensibles aux paysages, d'autres moins. Mais rares, très rares, sont les obsédés du panorama. Les seconds le considèrent au contraire comme un élément fondamental de leur qualité de vie, et même de leur standing. « La maison de Machin n'est pas mal, mais aucune vue, c'est quand même dommage de venir à la campagne pour ça ! » fait partie des réflexions vachardes les plus fréquentes entre résidents secondaires. Avec le temps, cela devient une obsession toujours plus lancinante. Ceux qui, au début, étaient tout contents de voir plus loin que la façade de l'immeuble d'en face deviennent vite exigeants. Intraitables. Et terrorisés à l'idée du moindre changement. Dès qu'il se met au vert, le citadin le plus progressiste devient le pire des conservateurs.

Bien sûr, il peste – avec raison ! – contre la mauvaise couverture des réseaux de téléphonie mobile. Il ne supporte pas de voir le P-DG d'Orange venir faire le malin dans les médias avec sa 5G, quand son groupe est incapable de remplir une mission de service public à moins de cent cinquante kilomètres de Paris ! Mais il voit rouge quand il apprend qu'un relais va être installé à une encablure de chez lui. Pas tellement pour les ondes électromagnétiques. Il sait bien qu'en ville lui et ses enfants en sont bombardés non-stop. Non, à cause de la vue. Gâchée par le pylône. Les antennes. La petite lumière intermittente.

Le jour où ils apprennent que le progrès vient ainsi de frapper tout près de chez eux, Émilie et Romain partent sur le sentier de la guerre. Il est architecte. Il va consulter le plan local d'urbanisme pour essayer de trouver une faille. En vain. Elle est avocate. Elle dépose un recours auprès du tribunal administratif. Déboutée. Le couple panique. Il y a bien ce petit bois, qui les protège visuellement de la future antenne-relais. Mais il ne leur appartient pas. Et la propriétaire n'a pas l'air décidée à vendre. Ils lui ont fait plusieurs propositions. Ils font tout pour l'amadouer. Comme elle est pépiniériste, ils lui achètent des arbres… qui crèvent tous une fois plantés. Mais peu importe ! Ils retournent faire leurs emplettes chez elle avec une inaltérable détermination, et lui répètent combien ils sont contents de leurs précédents achats. Ils viennent en général avec leurs deux jeunes enfants, une fille et un garçon modèles, mignons comme des cœurs, pour l'attendrir. Un après-midi, ils croient que c'est gagné. À l'issue de l'une de leurs visites, la pépiniériste les invite à entrer dans sa maison pour boire un chocolat chaud. Les bambins ont été briefés comme des agents secrets. Ils sont d'une politesse exquise. Tellement bien élevés ! À peine assis, Romain accueille avec enthousiasme le chien préféré de son hôtesse, qui vient se caler sur ses genoux. « J'ai toujours adoré les chiens », assure-t-il à la maîtresse de maison tout en caressant la bête qui déchiquette joyeusement son pantalon. Le feu rougeoie dans la cheminée. L'ambiance est à son meilleur. Émilie se dit que c'est le moment. Un regard à Romain qui acquiesce discrètement et elle revient sur son sujet favori : le petit bois. L'atmosphère se refroidit immédiatement de plusieurs degrés. « Je vous ai déjà dit que je ne vendrai pas. Vous voulez vraiment m'enterrer prématurément ! » répond la propriétaire d'un ton amer. Désormais, Émilie et Romain espèrent au contraire que la pépiniériste vivra plus que centenaire…

Et encore, ils ne sont pas si mal lotis. Une antenne-relais, c'est moins haut qu'une éolienne ! Ces immenses girouettes métalliques, qui peuvent culminer à plus de cent cinquante mètres, sont depuis plusieurs années la terreur des accourus. Quand la loi sur la transition énergétique pour la croissance verte a été adoptée, durant l'été 2015, puis quand a été connu le projet de Programmation pluriannuelle de l'énergie, en 2018, ils ont été pris de sueurs froides. Pour satisfaire les projections sur la place des énergies renouvelables dans le « mix énergétique », le nombre de ces hideux moulins à vent devra plus que doubler en dix ans. Plus que doubler ! Le Parc naturel régional s'est prononcé jusqu'à présent contre les implantations sur son territoire, mais son avis n'est que consultatif. Quant aux préfectures, qui décident, elles se sont vu assigner des objectifs précis. Celle de l'Orne, département où sont situées les trois quarts du Perche, semble vouloir faire du zèle.

L'éolienne, c'est la mort subite de la vue ! Les monuments historiques peuvent faire valoir la préservation d'un « cône de visibilité ». Et encore, ils n'ont pas toujours gain de cause. Mais les autres ? Tous ces malheureux propriétaires de longères qui ont été séduits par une magnifique « vue vallée » ? Les plus proactifs se rendent sur le site de la DREAL pour consulter la carte des parcs autorisés ou en cours d'instruction. La menace est encore lointaine. Rien à moins de plusieurs kilomètres des frontières du Parc.

Mais on n'est jamais trop prudents. Un couple de Parisiens a mené une enquête poussée alors qu'il envisageait d'acheter une maison avec vue imprenable sur les collines, située aux confins du Perche, donc potentiellement vulnérable à la pollution visuelle. Ils sont allés repérer le terrain sur lequel pourraient être construites les éoliennes, ont pris contact avec son propriétaire. Le père, avec quelques copains, est allé dans un magasin de jouets, farces et attrapes d'Alençon pour acheter une centaine de ballons et louer un gonfleur à l'hélium. La mère et les enfants, avec l'agent immobilier un peu halluciné, se sont postés dans le jardin de la longère pour voir si les ballons – donc les futures éoliennes – étaient visibles. Le père et ses copains ont filé dans le champ, gonflé les ballons. Ils les ont attachés à une ficelle de cent vingt mètres puis ont tenté de leur faire prendre de la hauteur. Un ratage total. Trop de vent. Impossible de mettre la ficelle à la verticale. Dans le doute, ils n'ont pas acheté la maison. Les éoliennes n'ont pas été construites. Ils regrettent encore. Ils cherchent toujours…

C'était avant la ruée. Aujourd'hui, plus aucun agent immobilier n'aurait la patience et l'humilité d'accepter de telles extravagances. Trop de demandes !

20

Le verger de la discorde

Ce mercredi 14 octobre, un hôte de marque est attendu au siège du Parc naturel régional, le manoir de Courboyer, édifice du XVᵉ siècle majestueux dans son écrin de verdure. Hervé Morin est un personnage considérable dans notre petit microcosme : il est en effet président de la région Normandie. Cet homme affable fait le déplacement pour se joindre à un événement d'importance. Après vingt-deux ans d'efforts de la part de plusieurs producteurs, le cidre du Perche fête l'obtention d'une appellation d'origine protégée (AOP). Toutefois le président de région, bien qu'ancien ministre, n'est peut-être pas la personnalité la plus populaire chez les participants. La vedette, la vraie, c'est un Percheron de toujours, Maurice, agriculteur prospère. C'est lui qui a mené le combat pour obtenir cette appellation. Avec ses airs de premier communiant, on le prendrait facilement pour un grand naïf. Grossière erreur ! Il cache bien son jeu. Il est capable de gagner les faveurs du propriétaire foncier le plus coriace s'il est décidé à lui racheter ses terres. On raconte même, entre Rémalard et Nogent-le-Rotrou, qu'il est devenu pendant quelques mois un paroissien assidu, un véritable rat de confessionnal, pour s'attirer les bonnes grâces du curé, chargé par sa hiérarchie de céder quelques hectares afin d'arrondir les fins de mois de l'Église. L'affaire conclue, on ne l'a plus trop revu à la messe…

Même les Parisiens connaissent Maurice. Et pour cause. Il a vendu à plusieurs d'entre eux leur résidence secondaire. Un temps, il s'était fait une spécialité de reprendre les fermes en déshérence. Il gardait les bonnes terres et revendait les autres avec les bâtiments « dans leur jus ». Il a répété l'opération à plusieurs reprises. Tout le monde était content. Surtout les Parisiens, si fiers de connaître l'ancien propriétaire, aussi authentique que les murs dans lesquels ils venaient d'investir.

Maurice est considéré par certains comme le parrain du Perche. Incollable sur le foncier agricole comme sur la généalogie des vieilles familles. Attaché à son terroir, à ses traditions. C'est donc tout naturellement qu'il a conduit la croisade pour la reconnaissance du cidre local. Cette célébration du 14 octobre, c'est un peu sa victoire personnelle.

Dans la salle, un couple d'accourus, installé depuis vingt ans dans la région, considère toutefois que l'an I de la pomme, dans le Perche, ne démarre pas sous les meilleurs auspices. Karine et Pierre sont venus pour remercier en personne Maurice de les avoir aidés dans une guerre picrocholine qu'ils ont néanmoins fini par perdre.

Quelques mois plus tôt, ils apprennent qu'un petit verger, situé au bout du chemin qui mène à leur maison, une ancienne ferme restaurée, est à vendre. Il fait moins d'un hectare et compte une cinquantaine de pommiers « haute tige », les plus traditionnels mais les plus longs à donner des fruits après leur plantation. Ces variétés ont peu à peu été boudées par les producteurs, au profit d'arbres plus précoces, et dont la petite taille facilite de surcroît la récolte. Mais l'INAO, l'Institut national des appellations d'origine, exige la présence d'au moins 30 % de pommiers « haute tige » dans la composition du cidre pour qu'il puisse bénéficier de l'AOP.

Karine et Pierre ne sont pas producteurs de cidre, mais respectivement artiste plasticienne et écrivain. Ils veulent sauver ce verger, planté au milieu des années 1980, qui crée une agréable rupture avec les grandes parcelles de cultures céréalières dont les propriétaires ont arraché les haies bocagères pour gagner quelques mètres carrés à exploiter et rendre plus facile l'utilisation de leurs immenses machines agricoles. Ils ont pris contact avec une cidrerie locale et bio pour mettre à disposition gratuitement les pommiers « haute tige » quand ils seront à eux. Ils sont heureux de participer ainsi à la préservation du paysage et au soutien de la production locale. Quand la propriétaire, une retraitée qui habite tout près de chez eux, se décide à mettre en vente, elle les prévient en premier. Entre gens de bonne volonté, il n'est pas difficile de trouver un accord. Un acte notarié est signé et l'affaire semble faite.

Pour la bonne règle, le document est envoyé à la SAFER de Normandie. Les SAFER ? Il s'agit des « Sociétés d'aménagement foncier et d'établissement rural », créées au début des années 1960. Il en existe une par région et elles sont chargées de contrôler l'attribution des terres agricoles afin de permettre l'installation de jeunes agriculteurs et de faciliter l'exploitation de parcelles contiguës. C'est beau, c'est grand comme la France. Enfin, c'est du moins leur mission officielle. Karine et Pierre ne vont pas tarder à découvrir une autre facette de ces organismes hybrides, mi-publics, mi-privés.

Le couple est étonné, et un peu inquiet, quand il reçoit, quelques jours après la signature de l'acte de vente, un courrier recommandé. La SAFER de Normandie a décidé d'exercer son droit de préemption sur le verger. « Pour nous permettre d'étudier ce dossier et de pouvoir prendre une décision en toute connaissance de cause, nous souhaitons mieux connaître votre situation, et vos intentions quant à l'utilisation de cette propriété », écrit un chef de service qui a joint à son envoi un questionnaire à remplir sous huitaine. « Sous huitaine » est écrit en caractères gras et soulignés. On ne rigole pas, à la SAFER de Normandie !

À ce stade, Karine et Pierre comprennent qu'ils ne sont pas propriétaires du verger, mais qu'ils restent dans la course. Au moins en apparence. Ils remplissent donc soigneusement le questionnaire, où leur sont demandés, entre autres choses, leur formation universitaire (!) ainsi que l'âge et l'activité exercée par leurs enfants.

Ils joignent surtout un résumé de leur projet, pour tenter de convaincre, en toute bonne foi, la commission de cet organisme de l'utilité collective de leur démarche. Las ! Leur plaidoirie a tout pour déplaire aux agriculteurs conventionnels, très souvent adhérents de la FNSEA, qui siègent majoritairement à tous les étages des SAFER et autres chambres d'agriculture. Beaucoup d'entre eux n'aiment ni les bobos ni le bio. Il suffit de les entendre prononcer le mot « Parisien » pour comprendre que ce n'est pas un compliment. Karine et Pierre mettent en avant leur souci de préserver la biodiversité grâce au maintien de prairies fleuries, à l'entretien des haies, mais aussi à la création d'un « refuge LPO[1] » qui pourrait accueillir les oiseaux. Tout ce que détestent ceux qui vont décider du sort de leur acquisition, et qui par ailleurs sont très souvent chasseurs. On n'ose imaginer leur hilarité quand ils arrivent au paragraphe qui concerne la création d'« habitats à insectes », un concept fort éloigné de leurs priorités. Ils ne voient dans tout cela que des chichis de citadins décidés à leur en remontrer sur la manière dont il convient de traiter la nature.

D'ailleurs, le producteur de cidre et de jus de pomme qui est intéressé par l'exploitation du verger est en bio,

1. La LPO est la Ligue pour la protection des oiseaux. Présidée par Allain Bougrain-Dubourg depuis 1986, elle milite contre la chasse sous toutes ses formes.

ce qui n'est pas forcément un atout auprès de ces instances. Il y a bien sûr ce courrier de l'INAO, qui soutient aussi le projet, et le Parc naturel régional pour qui cet accord est « gagnant-gagnant ». Mais ce qui doit être le plus difficile à avaler pour les huiles de la SAFER, c'est le courrier de soutien de Maurice. Le « parrain du Perche » est tout sauf bio, tout sauf bobo. Il n'a jamais passé son tour pour traiter ses parcelles, même s'il assure « faire très attention » et ne pas forcer sur les doses de pesticides ou d'engrais. Et le voilà qui soutient ces deux Parisiens ! Les gros agriculteurs du coin sont ulcérés. Ils considèrent la préemption de ce lopin comme une prise de guerre culturelle face aux envahisseurs venus de la grande ville, et voilà qu'un des leurs les trahit.

Le maire du village où se trouve le verger, agriculteur conventionnel, à jour de ses cotisations à la FNSEA, se fâche tout rouge. Il a un candidat parfait. Un paysan comme lui, un vrai, dont certains champs sont mitoyens du verger. Il n'a aucun débouché pour les pommes ? Et alors ? De toute façon, il va les arracher, ces pommiers. Ils sont vieux. Ils gênent. Ils sont protégés par le plan local d'urbanisme ? Il suffira de le changer…

Au bout de quelques semaines, la SAFER informe Karine et Pierre que leur projet n'a pas été retenu. Qu'ils ne pourront pas devenir propriétaires du verger. Que le dossier de leur concurrent, l'agriculteur qui n'a pas vraiment d'idée pour ce verger, a été choisi. Rien ne la fera changer d'avis. Pas même la polémique qui commence à monter dans les médias locaux. Un journaliste, notamment, s'intéresse à ce minuscule événement qui a valeur de fable. Il interroge ses protagonistes qui s'écharpent par journal interposé. L'heureux nouveau propriétaire du verger assure que « l'on ne peut plus en tirer grand-chose, les pommiers ont bientôt soixante ans ». Erreur, ils n'en ont que trente-trois, et pourront donner des fruits pendant encore trente ans au moins !

Le directeur de la SAFER semble très énervé, au point de dire tout haut ce que le maire du village et ses copains pensent tout bas : « Quand on voit d'où viennent ces gens, éructe-t-il au sujet de Karine et Pierre, on n'est pas étonné que le sujet soit monté en épingle. Ce sont des gens qui veulent imposer leur vision des choses, et la façon dont la campagne doit être gérée. » Le « quand on voit d'où viennent ces gens » lui a échappé. Trop tard, c'est imprimé... Le même directeur fait bondir à la fois le producteur de cidre bio, les responsables du Parc naturel régional et ceux de l'INAO. Il assure en effet qu'aucun d'entre eux ne s'est manifesté au moment de l'instruction du dossier, ce qui est pour le moins inexact.

Si la SAFER voulait rester dans l'ombre, c'est raté ! Nombreux sont ceux qui aimeraient en savoir plus sur un organisme qui n'a jamais brillé par sa transparence. Ce ne sont pas les accourus privés de leur verger qui le disent, mais la Cour des comptes qui l'écrivait déjà dans son rapport public en 2014. Le seul titre est d'une virulence inhabituelle pour une institution soucieuse de peser ses mots : « Les SAFER : les dérives d'un outil de politique agricole et rural ». Il leur est reproché, noir sur blanc, de mener « des activités peu transparentes ».

Rien à voir avec la présentation idyllique affichée par la fédération nationale des SAFER, qui ont vu leurs missions évoluer depuis les années 1960. Elles « développent toujours l'agriculture, dit le laïus introductif, mais elles protègent également l'environnement, les paysages, les ressources naturelles telles que l'eau et elles accompagnent les collectivités territoriales dans leurs projets fonciers ». L'environnement ? Les paysages ? L'exemple du verger percheron n'est guère probant. La Cour des comptes note quant à elle que l'installation de jeunes agriculteurs représente désormais moins de 10 % de leur activité ! L'État leur a délégué des pouvoirs considérables sans se donner les moyens ni avoir le courage d'exercer un contrôle effectif sur ces SAFER. En pratique, les hautes instances du ministère de l'Agriculture se sont forgé une politique qui se résume en trois mots : pas de vagues. Pas question de mécontenter à la fois la FNSEA, omniprésente, et le Crédit agricole, qui siège dans chaque conseil d'administration au niveau régional !

À peu près en même temps que le rapport de la Cour des comptes, est publié celui d'une mission diligentée par le Conseil général de l'alimentation, de l'agriculture et des espaces ruraux, une instance qui est d'ordinaire le quartier général du « pas de vagues ». Toutefois, lui aussi enjoint aux SAFER d'« améliorer la transparence ». C'est dire !

Ces deux documents ont été rendus publics en 2014. Près de huit ans après, leurs recommandations sont restées lettre morte, comme le montre la petite histoire du verger percheron.

Ce serait une erreur, pourtant, de désespérer de l'immobilisme ambiant. Certes, les pommiers ne serviront à rien, et surtout pas à produire le fameux cidre du Perche, mais beaucoup de gens, et pas seulement des accourus, surveillent de près ce que son heureux acquéreur va faire de ce joli verger. Changer le PLU ? Couper les haies ? Arracher les arbres ? Difficile dans un tel contexte. Le maire, qui jouait hier encore les terreurs, roule moins des mécaniques désormais.

Et si l'histoire est belle, c'est qu'elle n'oppose pas, finalement, les habitants de toujours et les nouveaux venus. « Il s'agit là d'un très mauvais signal envoyé par la SAFER de Normandie pour le lancement d'une nouvelle appellation d'origine protégée sur le territoire normand. D'autant plus que le candidat retenu n'aura aucun débouché pour cette production de fruits. On peut d'ailleurs douter de la pérennité de ce verger dans ces conditions. » Ce n'est pas un écologiste échevelé, un bobo tout juste débarqué de la capitale qui écrit ces lignes. C'est Maurice, agriculteur de père en fils depuis de nombreuses générations. Son intelligence, sa lucidité, sa connaissance de la nature l'ont conduit à regarder vers l'avenir. À faire un trait d'union entre le monde d'hier et celui de demain. Entre les gens d'ici et les gens d'ailleurs.

À gonfler d'espoir tous ceux qui aiment cette région, ses haies, ses collines, ses vergers et sa douceur.

21

La guerre culturelle

Évidemment ces migrations ville-campagne bousculent certaines habitudes. Par un été des années 2000, la mairie de notre village prend ainsi une grande décision : valoriser son seul équipement collectif, un court de tennis, installé depuis fort longtemps et peu utilisé. En plus du centre de loisirs, qui accueille les élèves de l'école, mais aussi quelques enfants de Parisiens en vacances, elle propose donc un stage de tennis. Un professeur diplômé est recruté, payé par la municipalité, pour une semaine d'initiation, et pourquoi pas plusieurs, en fonction du nombre de postulants et du niveau de chacun. La participation financière des familles, symbolique, s'élève à 10 euros. Les raquettes sont fournies. Pas de mur de l'argent, donc, pour dissuader les plus modestes !

Pourtant, le lundi matin, quand débute le stage, il faut bien se rendre à l'évidence : sur les six jeunes sportifs inscrits, cinq sont des enfants d'accourus. Un seul est né dans le Perche et a des parents qui travaillent dans les environs, l'un comme ouvrier dans une des rares usines locales, l'autre comme assistante maternelle. La lecture de Pierre Bourdieu nous a certes appris que les différences de capital culturel et social sont plus écrasantes que les inégalités de revenu, mais le fait que personne ou presque, parmi les dizaines de parents dont les enfants fréquentent l'école, n'ait manifesté le moindre intérêt pour cette proposition montre qu'un gouffre sépare les deux populations qui se partagent le territoire. L'expérience ne sera pas renouvelée.

Quelques années passent, et le court de tennis a besoin d'un petit ravalement. Le conseil municipal décide de ne pas investir un centime pour le rénover. Le maire lui-même est un accouru, certes installé à l'année depuis longtemps dans la commune. Mais il est propriétaire du manoir situé sur les hauteurs du bourg. Pour ne rien arranger, il est lui-même joueur de tennis à ses heures. Pas question de mettre un centime d'argent public pour favoriser ce qui demeure à l'évidence un sport de riches aux yeux de la plupart de ses administrés ! Il voit donc dans ce dossier une occasion de montrer combien il est disposé à sacrifier ses propres loisirs à l'intérêt général.

Il a aussi appris ce que découvrent tous les maires ruraux une fois installés dans leur fauteuil : il existe des modes administratives décidées au sommet des ministères, et pour lesquelles l'État est prêt à distribuer des subventions sans compter pendant quelque temps. Un véritable arrosage automatique ! Ce furent successivement les salles polyvalentes, les ronds-points, les médiathèques qui fleurirent au milieu des champs… Cette année-là, la tendance est aux « terrains multisports ». Ces « city stades », un anglicisme « tendance » très employé durant les séances de conseil municipal, doivent permettre de pratiquer tout à la fois le handball, le volleyball, le football, le tennis, le badminton… C'est du moins ce que promettent les représentants des fabricants, qui distribuent aux élus de magnifiques brochures sur papier glacé. Las ! La plupart du temps, les différents matériels démontables nécessaires à chacune de ces activités (filets, buts, etc.) finissent par pourrir plus ou moins rapidement dans un coin. Mais qu'importe. Le « city stade » fera taire les malveillants, les « anti-accourus », et c'est bien l'essentiel.

Aucun affrontement donc, mais une muette injonction à ne pas fâcher les « Percherons de souche ». Ceux-ci déplorent avec la régularité de métronomes l'invasion des Parisiens et les menaces qui vont avec : hausse des prix du foncier, qui rend plus difficile pour certains l'accession à la propriété ; exigences nouvelles sur le maintien des éléments du paysage comme les haies bocagères ; tentation de transformer le territoire en une « réserve d'Indiens » dont la quiétude ne devrait, selon eux, être dérangée par aucune activité polluante ou bruyante. Arrogance, enfin, de certains citadins. Qui n'a pas vu, au marché de Mortagne-au-Perche, le samedi matin, le ballet des SUV de luxe et de leurs passagers habillés comme des mannequins de Ralph Lauren, ligne gentleman farmer, ne peut pas comprendre…

Les deux camps, donc, cohabitent mais ne se mélangent guère. C'est au mieux la coexistence pacifique, et au pire la guerre déclarée. Parfois la paix armée. Chaque été, sauf celui de l'épidémie, il est possible de se rendre au concert au moins une fois par semaine. Une série de trois récitals de musique de chambre se déroule notamment à guichets fermés dans une merveilleuse petite église adossée à un château. Un couple de mélomanes gère l'association. Pour organiser ces trois événements, il écume les concours de jeunes virtuoses afin de repérer les talents de demain. La propriétaire du château, jardinière émérite, bien que l'église ne lui appartienne pas, fabrique des bouquets géants avec les innombrables fleurs qu'elle cultive. Quelques retraités de la grande ville installent les chaises et tiennent la billetterie. La qualité artistique de chaque concert rivalise avec celle des salles parisiennes mais le prix du billet est à peine plus élevé que celui d'une place de cinéma. Pourtant, dans les rangs, les Percherons se comptent sur les doigts d'une main.

Changement radical de décor. Tous les mois de mars, le foyer rural du village où nous résidons accueille une pièce de théâtre jouée par une troupe on ne peut plus locale. Chaque année, une nouvelle comédie de boulevard attire tant de monde que le parking est plein et les trottoirs envahis par les voitures. Nous nous y sommes rendus une fois. C'était drôle, bien joué – notamment par notre ancien bienfaiteur de la Cuma – et mis en scène avec talent. Mais nous étions les seuls « accourus » de la salle…

Dans un petit bourg voisin, devenu un lieu de promenade prisé en raison de son architecture charmante et de ses vues imprenables sur la campagne environnante, la guerre culturelle a pris un tour plus violent. Plus déplaisant aussi. Au milieu des années 2000, le maire, agriculteur et fonctionnaire « en disponibilité », part en croisade contre l'« invasion » de sa commune. Il ne supporte guère les Parisiens en général et manifeste, en particulier, une intolérance maladive à l'égard des homosexuels. Il est aussi d'une misogynie féroce. Il refuse ainsi de recevoir, « parce qu'elle est une femme », une jeune journaliste parisienne tombée amoureuse du lieu et qui veut publier un article sur la cohabitation entre anciens habitants et nouveaux venus. Il condescend tout de même à lui parler au téléphone, mais c'est pour lui révéler avec épouvante le terrible danger qui menace la collectivité dont il est le premier magistrat : la colonisation à laquelle se livrent les homosexuels. À la fois choquée et intriguée par une telle affirmation, la journaliste rend visite à un couple de garçons installé depuis longtemps dans le bourg. Elle balance entre gêne extrême et hilarité totale quand elle leur demande, en s'excusant de pareille question, combien de maisons des environs appartiennent à des gays. Ses hôtes comprennent tout de suite qui a pu susciter une telle question. Ils déroulent sur la table un plan détaillé du village et se livrent à un recensement…

Cas extrême ? Oui et non. Certaines municipalités se font une gloire d'avoir toujours refusé d'appartenir au

Parc naturel régional. Elles assurent ne pas vouloir des contraintes qui en résultent, et qui sont en réalité des atouts : pas d'affichage commercial, obligation d'entretenir les chemins… En filigrane, leur message revient à dire qu'elles n'entendent pas se laisser dicter leur conduite par les Parisiens. Les agriculteurs qui continuent à traiter leurs parcelles aux produits phytosanitaires regardent d'un œil mauvais les nouveaux venus qui protestent contre leurs techniques de culture, pointant la pollution des sols et la contamination des jardins. Contrairement à ce qu'on peut lire dans les journaux chaque été, ce n'est pas le chant du coq qui incommode les accourus, mais bien davantage le glyphosate.

Le conflit éclate parfois pour un rien, une peccadille : une haie mitoyenne que les propriétaires d'une résidence secondaire refusent de voir arrachée, un chemin communal qu'un membre du conseil municipal a privatisé en toute illégalité et que les accourus veulent « renationaliser » pour permettre à tout le monde, à commencer par eux-mêmes, de l'emprunter… Inversement, un haut fonctionnaire parisien, qui avait réussi à racheter hectare par hectare un périmètre appréciable autour de son logis, a fait jouer toutes ses relations administratives pour essayer de détourner la petite route départementale qui passe désormais au milieu de sa propriété. Un échec cuisant, suffisamment popularisé dans le canton pour faire de lui un objet de moquerie…

À qui appartiennent le paysage, la forêt, les sentiers ? Vaste question ! Le Perche compte plusieurs forêts domaniales, mais aussi de nombreux bois privés. Certains propriétaires fonciers se montrent assez restrictifs sur l'accès à leur terre, qui compte des centaines, parfois même des milliers d'hectares. Contrairement à la Sologne, il est très rare que ces domaines soient clos, même quand ils sont destinés à la chasse. Tout au plus certains disposent-ils de caméras pour surveiller les intrus qui vont et viennent. Ils font aussi savoir, notamment par l'affichage de panneaux, que leurs chemins et leurs parcelles sont interdits au public.

Égoïsme ? C'est ce que nous avons pensé pendant nos premières années dans le Perche. Puis notre opinion a un peu évolué : ouvrir une forêt au public revient à s'exposer à de nombreux désagréments, éventuellement à quelques drames. Pour commencer, des groupes vont venir pique-niquer et laisser papiers gras et autres reliefs de leur repas. Puis ils s'enhardiront et organiseront un barbecue, au risque de provoquer un incendie. La Normandie est certes une région pluvieuse, mais la canicule y sévit de plus en plus durant l'été. Quand nous avons vu, pendant le premier confinement, un couple de réfugiés et leurs jeunes enfants cueillir sans vergogne les jacinthes sauvages qui poussent dans notre chemin, notre tolérance a encore augmenté envers ceux qui ne supportent pas que l'on piétine leurs plates-bandes.

Beaucoup de vieux Percherons vivent assez mal la captation de leur territoire par des accourus à qui il suffit de dégainer un carnet de chèques pour acquérir des herbages ou des bois inabordables pour eux. Il y a quelques années, l'un d'eux, maçon de son état, a décidé de jouer un tour aux propriétaires très sourcilleux d'un immense domaine forestier, riche en gibier comme en champignons. Comme il devait procéder à quelques réparations sur les communs de leur château, il leur a donné rendez-vous un matin de septembre. Il n'est pas venu. À la place, il est allé cueillir des cèpes dans leur bois, sûr qu'ils ne seraient pas en train d'y patrouiller puisqu'ils l'attendaient chez eux. Une fois son forfait commis, il a téléphoné pour s'excuser de n'avoir pu venir : une urgence, dans son métier c'est fréquent, et ce maudit téléphone portable qui ne passait pas là où il était ! Son crime était presque parfait. Presque. Le maçon ignorait que des caméras, cachées çà et là au milieu des arbres, l'avaient filmé. Il était vraiment très reconnaissable, avec ses paniers remplis à ras bord de champignons… Depuis, il n'a plus jamais travaillé au château.

En fait, les accourus aiment bien les gens du cru, à condition toutefois qu'ils ne portent atteinte ni à leur paysage ni à leur quiétude. Pour acheter leur tranquillité, certains d'entre eux croient avoir trouvé la solution : créer des associations de défense du patrimoine local, du paysage, de la nature, de la qualité de vie… Un couple en avait fondé une dans les années 1990 pour lutter contre un terrain de moto-cross qui s'était installé en contrebas de sa demeure. Ils avaient pris soin de faire adhérer quelques autochtones, eux aussi gênés par le bruit des moteurs pétaradants. La mixité socioculturelle est indispensable pour être pris au sérieux. Pas question de constituer une ligue des manoirs et longères restaurés, ce serait très mal vu !

Ils ont gagné la bataille contre les deux-roues hurlants sans trop de difficulté. Sur le terrain aménagé à la va-vite à grand renfort de pneus usagés, rien n'était aux normes. La préfecture a été sensible à l'argument de la sécurité. Depuis, l'association a mené plusieurs croisades contre des nuisances diverses et variées dont étaient victimes des amis des fondateurs : une base de loisirs spécialisée dans les ULM qui organisait des baptêmes de l'air à l'heure de l'apéritif, le week-end ; l'extension d'un élevage industriel de volailles dont la proximité ne flatte ni l'ouïe ni l'odorat ; l'installation d'un voisin indélicat, un animateur de télévision amoureux de promenades en quad à toute heure du jour et de la nuit… Dans ce dernier cas, reconnaissons-le, ce n'est pas une action en justice, mais un bon coup de chevrotine dans ses volets, tiré par un agriculteur exaspéré, qui a fait fuir la célébrité.

Bien sûr, tout le bureau de l'association se tient l'arme au pied, prêt à bondir. Il a déjà mis en échec plusieurs projets de parcs éoliens, grâce à l'expertise d'un de ses membres d'honneur, ancien inspecteur des finances et expert en législation fiscale.

Si les éoliennes font l'unanimité contre elles – le plus écolo des réfugiés de la grande ville les adore, mais uniquement hors de son champ de vision –, la chasse est un sujet autrement plus épineux. Elle trace des lignes de fracture à l'intérieur des deux camps, plus encore dans celui des accourus. Les amis des animaux n'apprécient guère de ne pas pouvoir se promener à leur guise dans les chemins creux six mois par an, et d'entendre un boucan digne de la guerre des Balkans au bout de leur jardin. Les mordus de la gâchette se considèrent comme les seuls vrais gardiens de la nature, et sont convaincus de remplir une mission de service public en « régulant » les populations de sangliers, de cerfs et de chevreuils. C'est pour eux une manière de fraterniser avec les agriculteurs, excédés par les libertés que prennent les animaux sauvages avec leurs cultures.

Ainsi, et c'est heureux, la guerre civile n'oppose pas forcément autochtones et accourus. Entre eux, ces derniers peuvent s'affronter pendant des années avec une opiniâtreté redoutable : voilà qui apporte un peu de sang neuf au débat local !

22

Les opportunistes

Depuis son bureau au premier étage de l'hypermarché, Emmanuel se frotte les mains. Chaque samedi en fin de matinée, et depuis la crise sanitaire de plus en plus souvent dès le vendredi, il traque sur ses écrans de contrôle les « gros caddys ». Par « gros », il veut dire chers. Pas le caddy local, plein à ras bord de sacs de croquettes pour chien ou d'aliments bon marché. Non, le caddy parisien, accouru. Rien que du bio et du haut de gamme, produits traiteur et vins fins. Depuis le début du siècle, la tendance était là. En augmentation régulière mais raisonnable. Avec l'épidémie de Covid-19, c'est de la folie. Parfois Emmanuel s'enthousiasme. Il quitte son nid d'aigle, descend jusqu'à la ligne de caisses et aborde ses bienfaiteurs. En général un couple parisien, professions libérales, pouvoir d'achat XXL. Emmanuel se présente, les remercie, les invite à partager une coupe de champagne dans son bureau. Avec sa faconde et sa gentillesse il arrive même qu'il fasse d'eux des amis.

L'arrivée des accourus a bouleversé l'économie locale. Jusqu'à la fin du XXe siècle, la province a alterné des périodes de prospérité et d'autres moins flamboyantes. C'est une vieille terre agricole, davantage tournée vers la mer que vers Paris, ni riche ni pauvre mais mal adaptée à la grande culture industrielle. Elle a fourni au XVIe siècle les premiers contingents des colons de la Nouvelle-France. Des Percherons qui fuyaient la misère et s'embarquaient par centaines pour peupler le Québec. Parmi eux, tout le monde le sait ici, les ancêtres de Céline Dion. Mais le Perche a aussi connu ses beaux jours. Fin XIXe, début XXe notamment. Lorsqu'il expédiait par milliers ses chevaux vers les États-Unis. Le percheron, puissant et infatigable, est le cheval de la conquête de l'Ouest. C'est lui qui tire les chariots bâchés vers les Rocheuses et la Californie. Des fortunes se sont bâties sur ce commerce. Il s'en est tellement vendu qu'il a fallu faire revenir des étalons d'Amérique pour régénérer la race lorsque le percheron a repris du service comme cheval de loisir il y a quelques décennies. Puis une petite activité industrielle a pris le relais pendant les Trente Glorieuses. Moulinex, pour ne citer qu'elle, a fait vivre la moitié du territoire jusqu'à la débâcle de la marque.

C'est là, à point nommé, que sont apparus le résident secondaire et son pouvoir d'achat. Modestement au début, puis de plus en plus massivement. Ils ont contribué à sauver nombre de petites entreprises. Les artisans du BTP, les commerces de bouche, les quincailleries…

Au fur et à mesure que le phénomène prenait de l'ampleur, on ne pouvait plus parler simplement de sauvetage mais de transformation. Les plus malins se sont adaptés. C'est ainsi par exemple qu'un marchand de fruits et légumes tout à fait ordinaire et peu séduisant a compris qu'il fallait changer de nom et de packaging. « Besse primeurs » est devenu « Tout frais Tout fruit ». Magasins en ville. Étals soignés. Produits mieux adaptés à une clientèle exigeante, machine à presser les oranges, tapenades, fruits ou légumes chers mais de belle qualité, rayon bio, etc. Le succès a été au rendez-vous.

Les plus entreprenants, eux, ont compris qu'il fallait tout revoir et créer de nouveaux services. « Le Perche » est devenu leur label. Un lait local, même pas bio, s'est baptisé « Pur Perche ». Pour remplacer les pailles en plastique, la vraie paille en paille, « La Perche » qui s'exporte dans le monde entier. Besoin de légumes et de produits locaux à domicile ? « Paniers perchés » vous livrera des victuailles au prix du caviar. Un souci pour entretenir sa résidence secondaire ? « Groom du Perche » s'occupe de tout… La liste serait interminable.

Dans les bourgs percherons, désormais, les commerces de luxe se disputent les pas-de-porte avec les agences immobilières. Mortagne-au-Perche, à peine 4 000 habitants, compte deux glaciers dont un meilleur ouvrier de France. Rappelons que Mortagne n'est situé ni dans le sud de la France ni même en bord de mer. Mais parfois c'est à s'y méprendre. À Mortagne, comme à Bellême, deux fois moins grand, on voit fleurir les épiceries fines, les herboristeries et autres magasins improbables spécialisés dans les cachemires ou… les pulls de golf pour homme ! Le maire d'un de ces bourgs privilégiés n'en revient pas. Il y a aujourd'hui dans sa cité un torréfacteur. « C'est typiquement le genre de commerces qui n'avait aucune chance de voir le jour ici, nous dit-il. Mais avec le confinement, la ruée sur le Perche, les banques ont suivi. Elles sont convaincues que ces boutiques ont désormais de l'avenir chez nous… »

Le raffinement percheron s'incarne de la manière la plus aiguë jusque dans les abeilles. Des abeilles noires, endémiques du Perche, dit-on… Un apiculteur de talent – et plein d'esprit – les a baptisées les « Cadres noirs du Perche ». Il vend son miel à quelques chefs étoilés et a même eu les honneurs d'une télévision américaine.

Les accourus, cible privilégiée de ce marketing effréné, ne se laissent pas faire. Ils pratiquent une sorte d'aïkido commercial et à leur tour utilisent le label pour prospérer. Aucune niche ne leur échappe. On a même vu un couple de Parisiens retraités des médias inventer une vodka au safran du Perche…

Le Perche, donc, s'emporte et s'exporte mais il se consomme aussi sur place. Il est une destination de week-ends et de courts séjours de plus en plus prisée. En 2018, un *Guide du Routard* est venu consacrer ce nouveau statut. La crise sanitaire a considérablement accéléré les choses. En 2020, le site Rando-Perche a vu sa fréquentation doubler. *Idem* pour celui du Parc naturel régional comme pour son siège, le manoir de

Courboyer, dont les visites ont pratiquement triplé. Le journal *Libération*, rarement en retard d'une tendance, décrit le Perche comme un « refuge ». Pour tous ceux qui s'y replient, les hébergements chez les particuliers fleurissent. Dès qu'il le peut, le Percheron, natif ou d'adoption, crée son gîte. Mais attention, pas n'importe lequel. On voit ainsi éclore des « boutiques-chambres d'hôtes » ou un « hôtel-restaurant de campagne écoresponsable ». La médaille a aussi son revers. Fait sans précédent dans l'histoire du Perche, un très authentique manoir du XVe siècle vient d'être acquis, non par des amoureux du patrimoine, mais par un couple qui en a fait un gîte et s'est réfugié dans le logement du gardien. L'époque des « forcenés » semble révolue. Voici venue celle des optimisateurs avides d'opportunités…

Ce qui est vrai pour l'hébergement l'est aussi pour la restauration. Il y a quelques années, un duo de restaurateurs parisiens étoilés découvre le Perche dans un gîte plein de charme. Apprenant qu'il est à vendre, ils l'achètent et le transforment, après de gros travaux, en un temple de la gastronomie bobo-rurale. C'est fou comme quelques pétales de capucine sur une salade peuvent la rendre, au choix, inoubliable ou ridicule. La mode fait aussi des victimes. À La Perrière, charmant village renommé du Perche, on trouvait jusqu'à peu deux restaurants. Un pour les accourus, saint-jacques au riz noir ou ris de veau, un autre dans la catégorie relais ouvrier, menu à 12 euros, tout à volonté. C'en est fini de cette belle complémentarité. Depuis la crise sanitaire, le bistrot modeste, entièrement relooké, aux mains de nouveaux propriétaires, chasse lui aussi le cadre parisien. Même la flambée de l'immobilier fait des malheureux. « Nos enfants ne peuvent plus s'installer » est un refrain classique repris par les Percherons de souche. Et lorsque vient l'heure du partage, le prix de la moindre ferme sur le marché de la résidence secondaire empêche bien souvent celui qui voulait continuer l'exploitation de conserver le bâti.

Est-ce à dire que le Perche risque de perdre un peu de son âme ? Pas vraiment, pas encore en tout cas, mais déjà certains « pionniers », parmi les plus snobs, se demandent s'il n'est pas temps de réaliser une bonne plus-value et d'aller « accourir » ailleurs…

Fiche pratique n° 4

Obtenir sa « naturalisation »

Combien de générations avant d'être reconnu comme un des leurs par les gens du cru ?

L'objectif est louable mais trop ambitieux. Dans un premier temps, il serait plus sage de se borner à vouloir être accepté, en sachant qu'au moindre faux pas on sera de nouveau celui ou celle qui vient de la ville.

Il faut donc faire des efforts mais pas trop. Montrer qu'on est de bonne volonté, sans laisser entendre qu'on cherche à plaire à tout prix.

– Faites du bénévolat. Un peu. À la médiathèque par exemple. Ou pour tenir le dépôt de pain à la mairie quand l'épicerie du village est fermée pour les vacances. Mais il faut savoir mesurer ses efforts et même refuser certaines tâches sous peine, très vite, d'être pris pour un faible de caractère.

– L'école, bien sûr, est un cheval de Troie très efficace. L'aide aux devoirs, l'accompagnement des sorties scolaires sont autant d'opportunités de montrer qu'on n'est pas bégueule.

– Enchaînez sur l'anniversaire des enfants. Ouvrez votre maison, mais sans ostentation. Pas de chasse au trésor mirobolante. Des gâteaux maison. Les bonbons et les sodas du supermarché.

Attention vous n'avez pas le droit à l'erreur. Toutes ces occasions vous permettront de progresser sur l'échelle de la naturalisation. Mais si vous en ratez une, c'est la dégringolade. Le retour à la case départ et même pire. C'est injuste mais c'est ainsi, vous pouvez en deux minutes ruiner des années d'efforts…

– L'apparence est essentielle. Il ne faut pas s'habiller comme un Parisien chic en week-end. Le Barbour, les bottes Aigle flambant neuves, le velours côtelé, les vestes de tweed avec coudes en cuir, les chapeaux : tous ces accessoires que les locaux ne portent jamais sont à proscrire. De même, évitez le quad le dimanche matin pour aller au marché, tout comme le gros 4 × 4 de luxe.

– Ayez une attitude modeste et gardez-vous d'avoir réponse à tout. Si l'aménagement de la place centrale du village vous semble ridicule, n'en faites pas étalage sauf auprès d'amis sûrs. Si vous trouvez navrante la construction d'un minigolf, n'en dites rien non plus. Il y a toujours derrière ces réalisations des enjeux locaux que vous ignorez et qui vous dépassent.

– Mais si vous franchissez toutes ces étapes – et c'est possible ! –, poussez votre avantage. Pourquoi pas briguer une place au conseil municipal, voire le poste de maire ? Il faudra alors, là aussi, être patient, modeste et dévoué.

Les débats ne sont pas toujours passionnants, les enjeux, pourtant bien réels pour les habitants de toujours, peuvent vous sembler dérisoires. Qu'importe. Une fois élu, vous aurez la possibilité de peser sur les choix.

Et surtout, en toute circonstance, soyez vous-même. Pas de désir d'ostentation bien entendu, mais pas non plus de réserve excessive, qui pourrait être prise pour de la prétention.

23

À l'assaut du pouvoir municipal !

Inutile de prétendre le contraire, la vie municipale est moins spectaculaire dans le Perche que dans les grandes métropoles. Pas de happening devant l'Hôtel de Ville avec des banderoles « Mairie de Paris = bienvenue à Pédoland », comme dans la capitale. Pas de maire désireux de supprimer le sapin de Noël par dégoût des « arbres morts » comme à Bordeaux. Pas de réprobation, comme de la part du premier magistrat de Lyon, à l'égard du Tour de France, considéré au contraire comme une aubaine historique quand il traverse le Perche pour la première fois en juillet 2018. Pourtant, il s'y passe parfois des choses…

Le 25 novembre 2020, c'est la « Journée mondiale de l'élimination de la violence à l'égard des femmes ». Le sous-préfet de Mortagne-au-Perche est en première ligne. Aux côtés de madame la maire, il prend la pose pour signer une convention de partenariat dans le cadre de la lutte contre les violences conjugales et intrafamiliales. La presse locale est là pour immortaliser l'événement. Tout le monde sourit sous son masque.

Mais le soir même, c'est le drame. Au cours d'une dispute, le fringant haut fonctionnaire pousse sa compagne dans l'escalier de son appartement de fonction. Blessée au visage, celle-ci se rend aux urgences. Son agresseur est placé en garde à vue à la gendarmerie de Caen dès le lendemain matin. La préfète décide de suspendre immédiatement son subordonné. Mais, plus important, il faut refaire la photo ! Les médias présents sont contactés pour ne surtout pas la publier. Ils obtempèrent. Comme aux plus riches heures de l'Union soviétique, le sous-préfet disparaît du cliché au profit de sa supérieure hiérarchique.

L'histoire fait le tour du Perche en quelques heures. Le week-end suivant, sur la place du marché, tout le monde en parle. C'est une des caractéristiques d'un « paradis vert » quel qu'il soit, pour le meilleur ou pour le pire : les vieilles histoires recuites ne regardent pas les nouveaux venus, mais rien ne demeure confidentiel très longtemps s'il s'agit d'étriller un personnage venu de la grande ville. Et un sous-préfet est un accouru comme un autre !

Ceux qui sautent le pas et se présentent aux municipales doivent le savoir. Ils vont devenir, à un niveau certes modeste, des personnages publics. Leurs faits et gestes, pendant la campagne comme après leur éventuelle élection, seront scrutés par tous, habitants de longue date comme nouveaux venus. Le moindre faux pas sera relaté avec gourmandise, le ralliement trop ostensible à un camp ou à un autre fera l'objet de nombreux commentaires, la plus infime méconnaissance des codes locaux – horaires du camion du lait, servitude sur un chemin de terre, inimitié irréconciliable entre deux familles, entre deux frères, entre un beau-père et son gendre – sera susceptible de les faire cataloguer comme des « pieds-tendres », ainsi que les Amérindiens surnommaient les novices lancés dans la conquête de l'Ouest au XIXe siècle.

Alors, pourquoi sont-ils si nombreux à s'infliger ce qui peut ressembler à un long supplice : une campagne de porte-à-porte chronophage, des rencontres avec leurs colistiers pas toujours captivantes, et une fois élus des conseils interminables, qui rappellent les réunions de parents d'élèves ou les assemblées générales de copropriétaires ? Chacun a un avis, qu'il entend développer sans modération, puisque enfin il a droit à la parole... Une demi-heure pour statuer sur les horaires d'ouverture de la mairie, une heure pour décider du montant d'une subvention à une famille nécessiteuse (120 ou 150 euros ?), et bien plus s'il s'agit de valider les menus de la cantine !

Les motivations de cette course à l'élection sont multiples. Mais elles peuvent se résumer assez simplement : certains veulent faire entendre leur voix, défendre leurs intérêts sur le devenir de ce territoire qu'ils ont choisi ; d'autres, saisis d'une ambition soudaine et irrépressible, se découvrent une vocation pour la politique et s'imaginent soudain un destin inenvisageable dans une grande métropole.

La seconde espèce, mue par le désir fulgurant de « faire carrière », pourquoi pas jusqu'aux ors du Sénat, n'est pas majoritaire. Mais c'est de loin la plus active, on n'a rien sans rien. Ses membres se distinguent de la masse par leur détermination. Ils veulent être maires, pas simples conseillers municipaux ! Une fois parvenus à leurs fins, ils sont prêts à tous les compromis pour s'attirer les bonnes grâces de la population, et surtout celles des petits parrains locaux. L'un d'entre eux s'est bien moqué de ses semblables, ces accourus qui l'ont élu avec enthousiasme, certains qu'il défendrait leurs intérêts. Il n'a pas hésité à encourager l'extension démesurée d'un élevage de porcs hors-sol, parce qu'elle était soutenue par la gentry politique des cantons alentour. Résultat : à peine un demi-emploi, une pollution croissante de la petite rivière voisine, et, pour les riverains, le bruit et l'odeur… Pas glorieux, et de plus pas forcément suffisant pour obtenir l'investiture aux prochaines sénatoriales.

La première famille de candidats est à la fois plus nombreuse et moins carriériste. Certains accourus, au bout de quelques années de résidence, sont approchés par une équipe sortante souvent vieillissante pour la rejoindre lors du prochain scrutin. Une sorte d'« ouverture » qui ne coûte pas cher. Une fois élus, ils voient leurs responsabilités réduites à la portion congrue. Au moins sont-ils informés de ce qui, pour beaucoup d'entre eux, représente le mal absolu : l'implantation d'éoliennes.

Les promoteurs, en effet, ne ménagent pas leur peine pour circonvenir les conseils municipaux. Ils arrivent les poches pleines de verroterie en tout genre. Ils le disent et le répètent, ils sont les défenseurs de la planète, les pionniers de la transition énergétique, les ennemis du réchauffement climatique. Bref, ils représentent le camp du Bien. Et en plus, ils sont prêts à aider. La construction d'un sentier pédagogique ou de randonnée, d'une aire de jeux, d'une piste d'athlétisme, tout cela peut être envisagé sans problème. Sans compter les taxes locales, environ 5 000 euros par pylône. Il y a des agriculteurs autour de la table ? Les marchands de vent leur rendent une visite discrète sur leur exploitation. Ils déroulent leur argumentaire : une ou deux éoliennes sur leurs parcelles généreraient un revenu complémentaire bienvenu, sans les empêcher de continuer à cultiver. Ce qu'on appelle du gagnant-gagnant.

Notre ami Joseph, le banquier qui ne rechigne pas à explorer le fond de son puits, en est à son troisième mandat de maire. Il résiste tant qu'il peut aux sollicitations, de plus en plus sophistiquées, de ces sociétés, souvent filiales de grands groupes, qui ne manquent pas de moyens. Bien organisés, bien informés, leurs représentants lui donnent des sueurs froides. Ils ont compris qu'il fallait diviser pour régner : locaux contre accourus. L'autre jour, Joseph a découvert des tracts distribués dans les boîtes aux lettres de ses administrés. Le promoteur éolien proposait un « financement participatif ». Tellement sympa, un petit chèque pour la planète, qui de surcroît peut rapporter gros : 5 % de rendement garanti, avec une bonification de 1 % si l'on habite tout près du parc, un remboursement dans les trois ans, la possibilité d'investir selon ses moyens, à partir de 50 euros.

Pour contrer cette propagande, Joseph a dû recommencer les visites à domicile, comme au temps de sa première campagne municipale. C'était le moment des vœux, il a pu avancer à couvert. Et expliquer, l'air de rien, que si les entreprises éoliennes sont prêtes à offrir un rendement plus de dix fois supérieur au Livret A, c'est qu'elles se font un sacré paquet d'argent sur le dos des ruraux. Pour l'instant, la menace est écartée. Joseph peut tranquillement retourner admirer le paysage qui l'entoure : un massif forestier à l'ouest, une magnifique plaine bocagère à l'est, des collines boisées traversées de ravissants chemins creux partout ailleurs. Et son village, un petit bourg de quatre cents âmes, dont il a réussi à battre le maire il y a plus de douze ans déjà ! Une sacrée bataille contre un petit tyran local qui menait le village à la catastrophe. Mais le combat n'est jamais terminé. Après ce potentat au petit pied, il doit désormais affronter les marchands de vent à l'épais portefeuille. Une lutte qui n'en finit pas !

24

Dynasties

Ne lui parlez surtout pas de dynastie ! François Huwart récuse ce terme. Il hausse les épaules et esquisse une moue désapprobatrice. Bien sûr, son père, élu maire de Nogent-le-Rotrou pour la première fois en 1965, décédé au cours de son quatrième mandat, en 1987, a régné sur la ville pendant vingt-deux ans. Lui-même a pris la succession paternelle en 1989. Il a tiré sa révérence en 2020, à soixante-treize ans, pour laisser la place… à son fils Harold. À chaque nouvelle génération, le niveau monte. François était diplômé de Sciences Po, Harold, agrégé d'histoire, a fait Normale sup avant de passer sur les bancs de l'ENA… Il a de grandes ambitions pour sa petite ville. Et le père ne manque jamais de souligner que lui comme son fils ne sont pas maires par héritage, mais parce qu'ils ont été choisis par les électeurs. Il n'empêche. Quand Harold Huwart achèvera son premier mandat, cela fera plus de soixante ans de règne familial quasi ininterrompu.

Une longévité inégalée et une performance remarquable en terre percheronne, où il est pourtant d'usage de dire que, pour peu qu'elle soit de droite, même une chèvre se ferait élire… Car les Huwart sont de gauche. Rose pâle, certes. Ils participent, une génération après l'autre, aux instances dirigeantes du minuscule PRG, dont on prétendait parfois, pour mettre les rieurs de son côté, qu'il pourrait tenir son assemblée générale dans une cabine téléphonique, quand celles-ci existaient encore.

Le succès dynastique, les Huwart le doivent à leur talent, mais pas seulement. Il y a aussi la singularité nogentaise. La capitale du Perche – à peine 10 000 habitants – ne ressemble pas à ses petites sœurs situées dans l'Orne, comme Mortagne ou Bellême – respectivement deux et cinq fois moins d'habitants. Mais l'écart démographique est accessoire. Ce qui compte, c'est l'Histoire et la sociologie. Quand les secondes tournaient le dos à la capitale, et regardaient vers le grand large, coupant dans leurs forêts les chênes destinés à faire les mâts des navires, expédiant leurs enfants les plus débrouillards jusqu'au Québec pour y chercher fortune, Nogent-le-Rotrou, elle, oubliait son château fort, les riches heures des comtes du Perche, et optait résolument pour la modernité. Le chemin de fer, d'abord, la mécanisation agricole, ensuite, avec la proximité de la Beauce, et surtout l'industrie. La fabrication des étamines, nobles étoffes de laine, au XVIe siècle, les tanneries au XIXe, puis les chapeaux en feutre, dont la confection occupait 600 personnes au début des années 1950, avant que la mode change et que l'usine ferme, en 1954. Et, à l'orée des années 1960, l'apogée, avec l'arrivée de deux grands groupes. L'équipementier automobile

Valeo et l'électricien Philips qui installent une unité de production chacun, au total 3 000 emplois. Jadis bourgeoise, la petite cité devient alors ouvrière. Les salariés de ces nouveaux employeurs sont pris en main par les syndicats. Ils votent à gauche. Ils votent Huwart.

Baptisé il y a longtemps « plus gros bourg de France », pour des raisons que même les Huwart seraient bien en peine d'expliquer, Nogent-le-Rotrou profite des Trente Glorieuses et regarde de haut, de plus haut que jamais, ce Perche normand arriéré, dépourvu d'industrie et rétif au « progrès » agricole.

À l'époque, sauf à en être originaire, personne à Paris ne connaît cette ancienne province éclatée à la Révolution sur quatre départements[1] et trois régions[2]. Les accourus n'existent pas encore. L'exode rural, en revanche, a commencé. Il contribue à l'essor de Nogent-le-Rotrou, qui accueille les enfants d'agriculteurs : Madame travaille chez Philips, Monsieur chez Valeo. Ils apprécient le confort moderne des résidences construites à la hâte pour les accueillir. Mais déjà, la crise commence à frapper. À peine élu pour son premier mandat, François Huwart encaisse une très très mauvaise nouvelle : l'usine Philips ferme. Plus de 1 000 emplois disparaissent d'un coup. Un peu plus d'une centaine de salariés seulement sont

1. Par ordre d'importance géographique (superficie), l'Orne, l'Eure-et-Loir, plus marginalement la Sarthe et le Loir-et-Cher.

2. La Normandie, le Centre-Val-de-Loire, les Pays de la Loire.

reclassés. Les autres pointent au chômage. Le jeune élu – il a alors quarante-trois ans – fait une syncope quand il apprend cette fermeture brutale. Il ne dort plus et perd ses cheveux en quelques semaines. À partir de ce moment, il va chercher chaque emploi « avec les dents », comme il dit. Il crée deux zones d'activité, finance la construction de locaux industriels sur fonds publics, puis les loue ou les vend à des entreprises qu'il courtise sans modération pour les convaincre que le Perche eurélien est l'avenir de l'industrie française.

Ses introductions parisiennes ne lui sont pas inutiles. Il a travaillé dans plusieurs cabinets ministériels avant d'être élu député, puis nommé secrétaire d'État au Commerce extérieur dans le gouvernement Jospin à la fin des années 1990. Il a un carnet d'adresses fourni, appartient à des réseaux très efficaces pour obtenir des financements dans le dédale des ministères ou pour avoir un accès direct à des chefs d'entreprise. Son fils Harold le surpasse encore. Ancienne « plume » de Jean-Marc Ayrault à Matignon puis de Michel Sapin à Bercy, ce trentenaire connaît les arcanes du pouvoir comme sa poche.

Les années passent. Comme il faut voir grand, le père puis le fils siègent aussi au conseil régional. Ils transforment la vallée de l'Huisne, toute proche, en « territoire d'industrie », au même titre que le Choletais ou la vallée du Haut-Bugey, dans l'Ain. Ils savent ce que beaucoup de Français, et même de ministres, ignorent : 70 % des emplois industriels, en France, se trouvent dans des communes de moins de 20 000 habitants. La vallée de l'Huisne représente en tout dix mille jobs, qui occupent majoritairement des personnels non qualifiés. C'est là où le bât blesse. L'ancienne capitale du Perche a bien du mal à retenir ou à attirer une population jeune et diplômée.

Alors, elle se souvient de ses racines. Le château Saint-Jean est remis en majesté. Stéphane Bern, installé à quelques encablures, prête sa voix à un texte écrit par Harold Huwart et enregistré sur la tablette interactive distribuée à chaque visiteur. Un parc municipal de deux hectares rend désormais hommage à Sully, dont on ne sait pas assez qu'il épousa une jeune fille d'ici et fut seigneur de Nogent-le-Rotrou.

« Labourage et pâturage sont les deux mamelles de la France », disait le surintendant général d'Henri IV. L'époque a changé. Et la transformation s'est accélérée depuis la ruée post-confinement. Les deux mamelles du Perche, désormais, se nomment plutôt villégiature et télétravail. Pour en bénéficier, les deux Perche, eurélien et ornais, se regardent en chiens de faïence. Encore plus depuis que plusieurs articles vantant les charmes du « paradis vert » dans les quotidiens et magazines nationaux mettent le Perche normand à l'honneur. Plus authentique. Plus préservé. *Le Monde* notamment a failli provoquer une seconde syncope chez François Huwart. Son article intitulé « Perche, le paradis vert » commence plutôt bien : « Avec ses collines bucoliques à souhait, ses marchés de producteurs locaux et ses tables gourmandes, cette enclave ni trop loin ni trop proche de

Paris est le refuge de citadins en mal de verdure. Une véritable mer de la tranquillité en pleine campagne[1]. » Mais cinq paragraphes plus tard, c'est l'humiliation pour les Nogentais : « Mortagne forme avec Bellême et Rémalard le "triangle d'or", car dans le Perche être au-dessus de la nationale 12 ou à Nogent-le-Rotrou tient de la faute de goût. »

La tribu Huwart n'apprécie pas. « Bellême, dit Harold, est un gros village qui ouvre le jeudi soir et tire le rideau le dimanche après-midi. » Bref, un Disneyland pour bobos en week-end prolongé. « Nogent-le-Rotrou, c'est le lieu de la centralité, des services publics, renchérit son père. Deux lycées, un hôpital, un cinéma triplex. » Qui dit mieux ?

C'est vrai, la vie est injuste. Mais les Huwart père et fils peuvent tout de même se consoler. Les transactions immobilières ont augmenté de 20 % dans leur juridiction en 2020. Et le « plus gros bourg de France » compte chaque jour mille « navetteurs » qui prennent le train pour aller travailler en région parisienne le matin et reviennent le soir même. Cela ne compense pas encore la lente érosion de la population, mais qui sait ? Un jour peut-être…

Un jour peut-être, aussi, les deux Perche, le normand chic et l'eurélien laborieux, enterreront la hache de guerre. Mais ce n'est pas pour demain : « Quand on est snob, on trouve toujours plus snob que soi, raille Harold Huwart. Demain, le Perche ornais pourrait apparaître comme convenu et terriblement petit-bourgeois… »

1. Thomas Doustaly, *Le Monde*, 5 juin 2020.

25

En guise de conclusion, vingt ans après…

Les néoruraux d'aujourd'hui n'ont pas grand-chose à voir avec ceux des années 1970, pour lesquels le terme avait été inventé. Il s'agissait, à l'époque, d'une population essentiellement jeune, en rupture avec la société de consommation. Les nouveaux venus, dans leur grande majorité, n'ont pas ces aspirations idéologiques. Ils veulent juste, tous les sondages le montrent, une meilleure qualité de vie sans pour autant remettre en cause le modèle de développement dominant. Certes, l'écologie au sens large y trouve son compte. Moins de gâchis, moins de consommation. Plus de bio et de circuits courts… Ce n'est pas rien mais on est tout de même assez loin de la révolution…

Il ne faudrait pas néanmoins minimiser les effets du changement d'air. Vivre à la campagne, c'est forcément revisiter ses priorités. Envisager autrement par exemple son rapport au travail ou à l'entreprise. Non pas travailler moins ou moins bien, mais remettre chaque chose à sa place. Prendre, au propre comme au figuré, de la distance. Et se dire que l'« engagement » vingt-quatre heures sur vingt-quatre, sept jours sur sept pour une entreprise n'est pas le plus sûr moyen ni de s'épanouir, ni même d'être efficace dans sa vie professionnelle.

Peut-on y voir une alternative crédible au mode de vie urbain ? Au tournant des années 2000, pour la première fois dans l'histoire de l'humanité, plus de la moitié de la population mondiale vivait dans des villes. En France, c'était le cas depuis belle lurette. Près de 80 % de nos concitoyens sont aujourd'hui des urbains. Il en a résulté une opposition caricaturale entre les deux mondes. À la ville, le dynamisme, la culture, les rencontres. À la campagne, le calme, les saisons, le temps de vivre. Voilà pour la face dorée du cliché. Si on le retourne, il donne ceci. En ville, la pollution, la solitude, le surmenage. À la campagne, l'ennui, l'isolement, le désert culturel…

Tout cela n'a guère de sens et dépend bien sûr en large partie des conditions sociales de chacun. Mais notre expérience nous a convaincus d'une chose. En réinventant ainsi sa vie, on dépasse ces clichés et ces blocages stériles. Quitter la grande ville n'est pas synonyme de mort professionnelle, pas plus qu'en les scolarisant à la campagne on ne sacrifie l'avenir de ses enfants. L'une des objections le plus souvent entendues concerne la vie amicale et culturelle. Eh bien, les amis pullulent, se reçoivent au coin du feu l'hiver, dans le jardin l'été. Ils se présentent les uns aux autres, tous membres d'une confrérie invisible, celle des réfractaires à la métropole ! Les concerts de qualité sont légion, surtout à la belle saison. Les expositions s'enchaînent également, dans des lieux inattendus et parfois idylliques. Restent le théâtre et l'opéra, grands absents du Perche. Il suffit de prendre le train ou la voiture pour profiter de la vaste programmation offerte à Paris. C'est à moins de deux heures ! Une question que nous ne manquons jamais de poser à ceux qui nous plaignent d'être aussi éloignés de la Comédie-Française ou du Palais Garnier : quand s'y sont-ils rendus pour la dernière fois ? Le plus souvent, ils ne s'en souviennent même plus.

On est encore loin d'un grand boom économique et démographique dans le Perche. Toutefois, cet exode rural à l'envers repeuple et redynamise des cantons entiers, qui en avaient bien besoin. Nombre de bourgs ont vu leur population diminuer et vieillir au cours des dernières décennies. L'hémorragie est stoppée, et les prochaines années pourraient voir une inversion de la tendance. N'y a-t-il pas un millier de « navetteurs » quotidiens qui prennent le train chaque matin à Nogent-le-Rotrou pour aller travailler dans la capitale ?

Ce mouvement ne ressemble ni au retour à la terre des années 1970, où il était question de changer le monde en sarouel et en sabots, ni à la « rurbanisation » qui a peuplé des villages en grande périphérie des agglomérations. Les accourus ne veulent pas faire la révolution. Et la plupart d'entre eux auraient les moyens de vivre en centre-ville. Ils inventent une autre vie, sans vouloir pour autant changer le monde. On est plus près de la « force tranquille » que du grand soir. Mais le phénomène est là. Rien ne semble en mesure de l'arrêter. En conséquence, le Parc naturel régional du Perche, qui fête ses vingt ans, n'a jamais été aussi attractif. Plus de 40 communes limitrophes frappent à sa porte. Elles veulent le label. Elles savent quel atout cela représente en matière d'attractivité et de développement.

S'agit-il d'une affaire de privilégiés ? Oui, sans doute un peu. Pour quitter la ville, il faut ne pas être prisonnier de son travail. Du moins en « présentiel » cinq jours sur sept. Cela ne concerne encore qu'une minorité de gens, mais pour combien de temps ? Faut-il avoir plus d'argent ? Pas vraiment. La vie est moins chère en zone rurale. L'achat ou la location d'un logement beaucoup plus abordables. Avec un mètre carré d'appartement parisien vous achetez un hectare de terre. Pour le prix d'un studio, une maison avec jardin. Les tentations stériles sont moins nombreuses, les produits de base plus abordables et souvent, pour peu qu'on cherche un peu, de meilleure qualité. Le seul poste qui impacte négativement le bilan financier de ce changement de vie, c'est la voiture. Mais personne n'ignore plus, depuis les Gilets jaunes, que le coût du carburant peut être un sujet pour tout le monde, dans la France des territoires…

Non loin de chez nous, il y a un château. La légende veut que Jean de La Fontaine, invité par le maître des lieux, trouvât sur le chemin du retour qui le menait à Paris l'inspiration pour « Le coche et la mouche ». La route est toujours là. C'est une ancienne voie royale, ponctuée de bornes à fleurs de lys. Elle est étroite, accidentée, boisée comme dans la fable. Elle est aussi goudronnée, mais à ce détail près, on y voyage au XVIIe siècle. Nous l'empruntons avec ravissement chaque fois que nous allons à Paris ou que nous en revenons.

Alors oui, cette existence est plus riche. Deux fois plus riche au moins qu'une simple vie d'urbain. Un pied dans chaque monde, reconnectés au réel, qui dit mieux ?

Vingt ans après, nous sommes toujours là. Sans avoir jamais envisagé de nous réinstaller dans la grande ville. Les accourus, dans leur immense majorité, ne sont jamais repartis non plus.

DES MÊMES AUTEURS

OUVRAGES DE SOPHIE COIGNARD

Aux éditions Albin Michel

L'Omertà française (en coll. avec Alexandre Wickham), 1999.
Le Rapport Omertà 2002, 2003 et 2004.
La Vendetta française, 2003.
Vous, les politiques (entretiens avec Francis Mer), 2005.
Le Marchand de sable, 2007.
Une présidence de crise (entretiens avec Jean-Pierre Jouyet), 2009.
Un État dans l'État, 2009.
Le Pacte immoral, 2011.
L'Oligarchie des incapables, avec Romain Gubert, 2012.
La Caste cannibale : quand le capitalisme devient fou, 2014.
« Ça tiendra bien jusqu'en 2017 », avec Romain Gubert, 2016.

Chez d'autres éditeurs

La Nomenklatura française (en coll. avec Alexandre Wickham), Belfond, 1986.
Le jour où la France a basculé, Robert Laffont, 1991.
Les Bonnes Fréquentations : Histoire secrète des réseaux (en coll. avec Marie-Thérèse Guichard), Grasset, 1997.
Mafia chic (en coll. avec Alexandre Wickham), Fayard, 2005.
Le monde est à nous (en coll. avec Alexandre Wickham), Fayard, 2007.
Les Faux-Jetons. Dans le secret des conseils d'administration, Fayard, 2019.
Benalla, la vraie histoire, un intrus au cœur du pouvoir, Éditions de l'Observatoire, 2019.

OUVRAGES DE MICHEL FLOQUET

Les Tribulations de Bernard K. en Yougoslavie. L'imposture humanitaire, avec Bertrand Coq, Albin Michel, 1993.

France, ton armée fout le camp, avec Bertrand Coq, Albin Michel, 1994.

Triste Amérique, Le vrai visage des États-Unis, Les Arènes, 2016.

Composition Nord Compo
Impression CPI Bussière en mai 2021
Éditions Albin Michel
22, rue Huyghens, 75014 Paris
www.albin-michel.fr
ISBN : 978-2-226-46419-4
N° d'édition : 24546/01 – N° d'impression : 2057169
Dépôt légal : juin 2021
Imprimé en France